1分で仕事を片づける技術

鈴木進介
SUZUKI SHINSUKE

あさ出版

やってもやっても
仕事が
片づかない
ナゼ?

どんなに
頑張っても
”忙しい“から
抜け出せない
ナゼ？

周りは
仕事も
プライベートも
両立できているのに
ナゼ？

そんな
あなたを
見てみると…

会議に出なくては
書類を見なくては
ドン
これも…
ツク
データをつくらなくては
出張に
行かなくては

メールを
チェックしなくては
電話しなくては
あれ
フムフム
あーで、
こーで
報告しなくては

必要な書類が必要な時に出てこない

仕事がストップしてしまう

話がまとめられない

人に仕事を振れず
仕事を抱え込むことになる

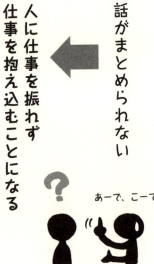

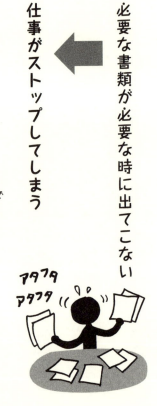

段取りが組めない

忙しいだけで物事が
前に進まず、結果も出ない

というわけです。

つまり、仕事（すべきこと）の整理ができれば
結果が出やすくなり、
伝わる話ができるようになり、
ムダなく、ムリなく、効率よく
動けるようになるということ

たった1分
仕事を整理する時間をとるだけで
仕事に追われる日々から解放され、
スッキリ&自由になれます。
あなたらしく過ごしましょう!

はじめに

「仕事は〝1分〟で片づく」

そう講演などでお話しすると、多くの方が、

「？」

と、きょとんとした顔をされます。

「この人は何を言っているんだろう？」

と不思議そうな顔をされる方もいます。

もしかしたら、みなさんもこの本のタイトルをご覧になり、

「たった1分で仕事が片づくなんて、できるわけがない」

と思ったから、手に取ってくださったのかもしれませんね。

たった1分。たしかにそうです。

でも、本当なのです。

1分あれば、1分の活用の仕方を知っていれば、仕事が片づき、確実に生産性も効率も上がり、スピードも速くなります。

1分という時間で、仕事のムダ・ムラを取り除き、最短、最速、最適な仕事の仕方を見つけることができるのです。

今でこそ私は「思考の整理家」という肩書で経営コンサルティングや人材育成の仕事をしていますが、以前は、仕事がうまくいかず、悩んでばかりでした。

努力し続ければ成果を出せると信じ、仕事をがむしゃらに頑張り、その合間に成功哲学書を読みあさっても、成果がまったく出ない。なのに、日々、仕事に追われてばかり――。

そこで、いったん立ち止まって考えてみたのです。

仕事が早いうえに成果を出し続ける人は、いったいどんなやり方をしているのだろうか？

もしかしたら、自分のやり方と大きく違うのではないか？　と。

それからというもの、職場、取引先などで出会った、仕事が〝できる人〟の仕事方法や思考法を観察し、研究を重ね続けてきました。

その結果、仕事を最速で片づける人には、２つの共通点があることを発見しました。

１つは、事前に頭の整理をしていること。

もう１つは、整理の型（フォーマット）、いわゆる仕事の片づけ方（型）を持っていること。

仕事に取りかかる前に、すべきことを整理し、その仕事にあった型を素早く選択し、それに沿って進めるからこそ、仕事が早く、成果も出していたのです。


やみくもに頑張っても意味がないこと、整理の型を身につけ、それに沿って正しい努力をすることが、仕事が早くなり、成果を出す方法だとわかってからというもの、私は〝できる人〟の「型」をインストールしては自分の仕事に試し、ストックし続けました。

すると、これまでのつらさはいったい何だったのか、というほど、仕事がサクサク片づくようになりました。成果も少しずつ出るようになり、気づけば「仕事が早い」と言われ、取引先からご要望を受け、研修やセミナーなどでお話しさせていただくようになったのです。

本書では、私がこれまで出会ってきた仕事が早く、それでいて結果を出している人がしていること、そして、私が実践し、たくさんのクライアントさんにも実践していただいて成果が出た〝片づけ型〟を厳選し、テーマ別にご紹介しています。

これらをどんどん実践することで、無意味な忙しさから解放され、日々の充実を取り戻すことができるはずです。

本書が、無意味な忙しさからあなたが解放され、最速で仕事を片づけるための特効薬になることを心から願っています。

２０１７年９月

鈴木進介

第1章

「忙しい」から いつまでたっても 解放されない 人の共通点

第2章

時間をかけずに仕事を素早く終える「段取り」の整理術

第3章

忙しさに振り回されない「時間」の整理術

第4章

ムダなく効率的に仕事が図る「コミュニケーション」の整理術

第5章

すぐやる人の「行動」の整理術

第6章

仕事が早く片づき
成果が出る
「思考」の整理術

第1章

「忙しい」から いつまでたっても 解放されない 人の共通点

1

やみくもに努力して生産性を落としている

◎筋がいい努力と筋が悪い努力

やる気はある、そして、行動力もある。

なのに、成果が出ていない人がいます。

一生懸命仕事をし、長時間働くことも嫌がらず、ただまじめに働いているのに、結果が出ず、〝仕事ができない人〟になってしまう。

頑張りが報われないなんて、とても残念だし、もったいないですよね。

なぜ、一生懸命、長時間、仕事をしても成果に結びつかないのか。

それは、頑張りの方向が間違えている、もしくは、正しい方向、目的に向かった行動になっていないからです。


世の中には、２種類のタイプが存在します。

「筋が悪い努力をする人」と「筋がよい努力をする人」です。

「筋が悪い努力」とは、「成果に直結する道はどれか」などと考えることなく、やみくもに頑張ることです。

「筋がよい努力」とは、成果に直結し、なおかつスピーディーに仕事を片づける筋道をつくって、それに合わせて行動することです。

後者のほうが、仕事を片づけるのも早いですし、可能性を持っています。


A君とB君がディズニーシーに遊びに出かけたとしましょう。

行ったことがある人はわかると思いますが、ディズニーシーの真ん中には大きな湖があり、その周りを通って様々なアトラクションやショーを見に行きます。

2人はまず、いちばん奥にあるアトラクション目指すことにしました。

A君は早歩きで奥に向かう道を進んでいきました。

一方、B君は入り口もらった園内マップを広げ、すぐ近くの船乗り場に移動しました。目当てのアトラクションに向かう船が、ちょうど出発することを知ったからです。

汗だくでA君がアトラクションに辿りついたときには、すでにB君が涼しげな顔で到着し、列の前方に並んでいました。

ほんの1分、園内マップを見て自分の状況を確認、整理したことで、Bさんはムダなく効率よく動くことができたのです。その後も、移動のたびに園内マップを見ることで正しい努力ができ、たくさんのアトラクションを楽しむことができたのでした。

ちょっと極端な例をお話ししましたが、A君とB君、どちらと一緒に行動したいでしょうか。限られた時間でたくさん楽しめる、B君ですよね？

たった1分が、大きな効果を生むのです。

◎生産性の向上は一生懸命だけでは生まれない

仕事も同じです。最初に1分、状況の整理や確認をすることで、成果を出すために何をすべきか、さらにムダなく効率よく進めるにはどうすればいいかがわかり、正しい方向に努力することができます。

一方、成果を出すために何をすべきか整理しないまま、「やみくもに努力」をしても、気づかぬうちに回り道やしなくてもよいことをしていたり、ムダなことに時間を費やしたりしてしまい、なかなか仕事が進みません。時間だけが過ぎ、成果が生まれないため、結果として生産性が落ちてしまいます。

頑張っているのに成果が出ないなんて〝もったいない〟と言わざるを得ません。忙しすぎるこの時代、仕事には「生産性」が求められます。

仕事における生産性とは、「かける時間を最小にして、成果を最大にすること」です。つまり、いかに「筋がよい努力」をするかです。

「筋がよい努力」は正しい状況整理によってはじめてできます。

たった1分でも、状況整理をすることで、仕事はぐんと早く片づくのです。

2

時間≠結果ではなく時間＝結果で考えている

◎仕事時間が短いのに成果が出る理由

以前、私が会社勤めをしていた頃の話です。

日々、遅くまで残業し、たくさんの仕事をこなしていた私は、誰よりも頑張っている自負もありましたし、実際、営業成績も〝そこそこ〟で、それなりに会社にも評価されていました。〝そこそこ〟満足していたと思います。

ただ、夕方になると、いつも心がザワついていました。

というのも、毎日、中途入社のA君が定時に帰宅していく姿が視界に入るからです。

残業している同僚たちと一緒に、「なんだ、あいつはもう帰るのか？　大丈夫なのか？」と冷めた目で見ていたのですが、そう言いながら、心の奥がザワザワ。

すでに何かを感じていたのかもしれません。

数カ月もしないうちに、私より後に入社したにもかかわらず、A君は私の営業成績を抜き去り、先輩たちも抜き去り、成績トップとなりました。あいかわらず残業ナシの状態で、です。

なぜ、あんなに毎日早く帰宅するのに、営業成績がいいのだろうか？

私は、A君をこっそり観察することにしました。

すると、A君が仕事の合間合間に、不可思議な行動をとっていることに気づきました。

始業前、昼食後、帰宅前の1日3回程度、案件ごとの資料が詰まったファイルを机の上に広げては順番を並び替えているのです。当然、様々な案件を抱えているのですが、そのすべてを広げます。ほかの人が仕事をしているにもかかわらず、次から次へとファイルを広げるA君の姿は、なかなか不思議なものでした。

ある朝、いつものようにファイルを開き始めたA君に尋ねました。

「いったい、毎回、何をしているんだい？」

「それぞれの案件について、『今日やるべきものと明日以降でもよいもの』『今日やるべきものの中でも6割程度の完成度でいいものと10割の完璧を目指すもの』『自分でやる仕事と他人に振れる仕事』を確認して決めているんです」

と、教えてくれました。

つまりA君は、案件の状況を冷静に確認、整理することで、今やるべきこと、集中すべきこと、やらなくてもいいことを把握してから業務に取り組んでいたため、ムダなく仕事ができ、人より早く仕事を仕上げることができていたのです。

さらにA君は、仕事を終わらせる時間を設定し、それまでの時間をどう使うかも、案件の整理とともにしていました。そのため、早く帰ることができていたのです。

やみくもに頑張っても成果が出なくては意味がない

「忙しい」状態から抜け出せない人の特長として、長時間働いていることがあります。

長時間働くことは「頑張っている」量のバロメーターとしてわかりやすいことは事実です。

ですが一方で、1つの仕事に時間がかかりすぎている、大丈夫か？　というバロメーターにもなります。

実際、1時間で4つの仕事を終える人と、3時間かけて4つの仕事を終える人では、前者のほうが「仕事ができる人」として評価されます。

仕事において何より大切なのは成果だからです。

かかった時間はあくまでも、評価の一部となりうるだけです。

時間＝結果ではなく、時間＜結果なのです。

時間をうまく使って、いかに成果を上げるか。

仕事で成果を上げるために、
時間をどう使うかが大切なのです。

3 仕事が遅い＝損だと思っていない

仕事の仕方で損得も変わる

「仕事が早い人になりたい」

そう思うことはあっても、「仕事が早くないと損だ」と思ったことはないのではないでしょうか。

セミナー等でも「仕事が早くなりたい【得を得たい】」という人とはよくお会いしますが、「1日でも早く仕事ができるようにならないといけない（なぜなら、それだけ損だから）【損を回避したい】」という視点の人とはお会いしたことがありません。

コンサルタントとして様々な企業で働くたくさんの人々を見てきていますが、仕事が早い、遅いは、思っている以上に、その本人にとっても、周りにとってもメリット、デメリットが生じるのは事実です。

そして、仕事で評価され、任せられる人は、そのことを認識しています。だからこそ、1分でも1秒でも早く、効率よく仕事をするために工夫をしているのです。

早ければ早いほど成長にも評価にもつながる

仕事が早いと、いったいどれだけ得なのか（メリット）、仕事が遅いと、いったいどれだけ損なのか（デメリット）、それぞれ見ていきましょう。

メリット1　スキルが高まる

仕事を早く片づけようとすると、何かしらの工夫が必要になります。

たとえば、取引先から頼まれていた提案書を、急ぎで出さなくてはならなくなったとします。

効率的に、でも確実につくらなくては、成果につながりません。

それには、何から手をつければよいかなど、計画的に動く必要があります。

仕事を早く仕上げるためにどうするかを考えることは、その都度、自分のやり方を見直し、課題に気づいたり、新たなやり方を見つけたりと、よりよい仕事の仕方を身につけることにもなり、必然的に仕事のスキルが高まるのです。

メリット2　評価が高まる

仕事が早い人は短い時間で大量の仕事を終えて成果を上げるため、「時間がなくて大変かもしれないけれど、彼ならやってくれるだろう」「日々、スキルを高めている彼女の今の力を知りたい」など、期待を込めて重要な仕事を任されます。

結果を出せば、次はもっと重要な仕事、大事な仕事が回ってくるようになり、評価も当然ついてきます。

また、取引先など、社外の担当者にとっても、仕事が早いことは、とても魅力になります。

たとえば、コンペで他社も同じような提案内容、同程度の品質、同じ見積価格だった場合、やはり「対応スピード」が決め手になることが多いのが現実です。

対応スピードが早いということは、トラブルが起きたとしても早々に対応してくれるだろうという算段も働きますし、通常の進行においても「大丈夫かな？ ちゃんとやれるかな？」などといった、余計な心配もせずに済み、相手の時間の短縮にもつながります。

仕事が早いと、安心感をもたらし、信頼され、「あの人と仕事がしたい」と評価が高まるのです。

メリット3 時間が増える

仕事を早く片づけると、その分、仕事以外の自由な時間を増やすことができます。家族との時間、運動や自己啓発に使う時間など、自分の人生を豊かにするための時間が生まれます。目の前の仕事一辺倒だと、どんどん視野が狭くなってしまいます。

世の中の動き、社会の流れは、会社にいるだけでは気づけないものです。自由な時間に普段会わない人と交流し、普段の仕事ではしない会話や体験をする中で、自分の知らない世界について知ったり、自分とは違う人の考え方を知ったりして、人としての幅を広げることは、結果として、仕事における発想力を広げることにもつながります。仕事以外の時間が、仕事にもプラスの効果をもたらしてくれるのです。

仕事が遅いと損をし続けることになる

一方、仕事が早くないことで損してしまうこと（デメリット）もあります。

デメリット1　スキルが高まらない、成長しない

いつもどおり仕事をしているだけでは、仕事のやり方などの改善をしないままで済んでしまいます。

つまり、仕事の処理能力も変化せず、スキルも上がらず、いつまでも成長しないことになります。

デメリット2　評価が下がる

仕事が遅い人に大切な仕事を任せると、提案書や見積書の提出が遅い、納期遅れな

どのリスクが生じ、安心できないため、周りも頼れません。

こうなると、大切な仕事や大きなプロジェクトで成果を出すチャンスも逸することになるため、仕事が早い人に比べ評価が下がってしまいます。

デメリット3 自由な時間が確保できない

仕事が遅いと、当然、仕事に時間がとられ、自由時間が確保できません。

自由な時間を持てないと、家族との時間、リラックスの時間、自己啓発の時間がとれず、頭や心に刺激や栄養、学びを与えることがなかなかできませんし、人生の充実度が劣ってしまうリスクがあります。やはり、人間として魅力のある人のほうが、可能性を広げる力を持っているのではないかという期待から、仕事が回ってきます。

仕事以外の時間にどんなことをしているかも、また求められてしまうのです。

仕事が早く片づく場合と片づかない場合のメリット、デメリットは表裏一体の関係にあります。

私たちは、いつも何か得をすること（メリット）がないかと「得」のほうばかりに目を向け、その裏側に損する可能性（デメリット）があることを忘れがちです。

メリットを逃してもいつもの日常に戻るだけですが、デメリットを受けてしまうと日常生活や仕事において支障が出てきてしまいます。

常に、メリットとデメリットの両方に目を向けることで、仕事の効率は大きく変わるのです。

仕事の早さは成長を高める

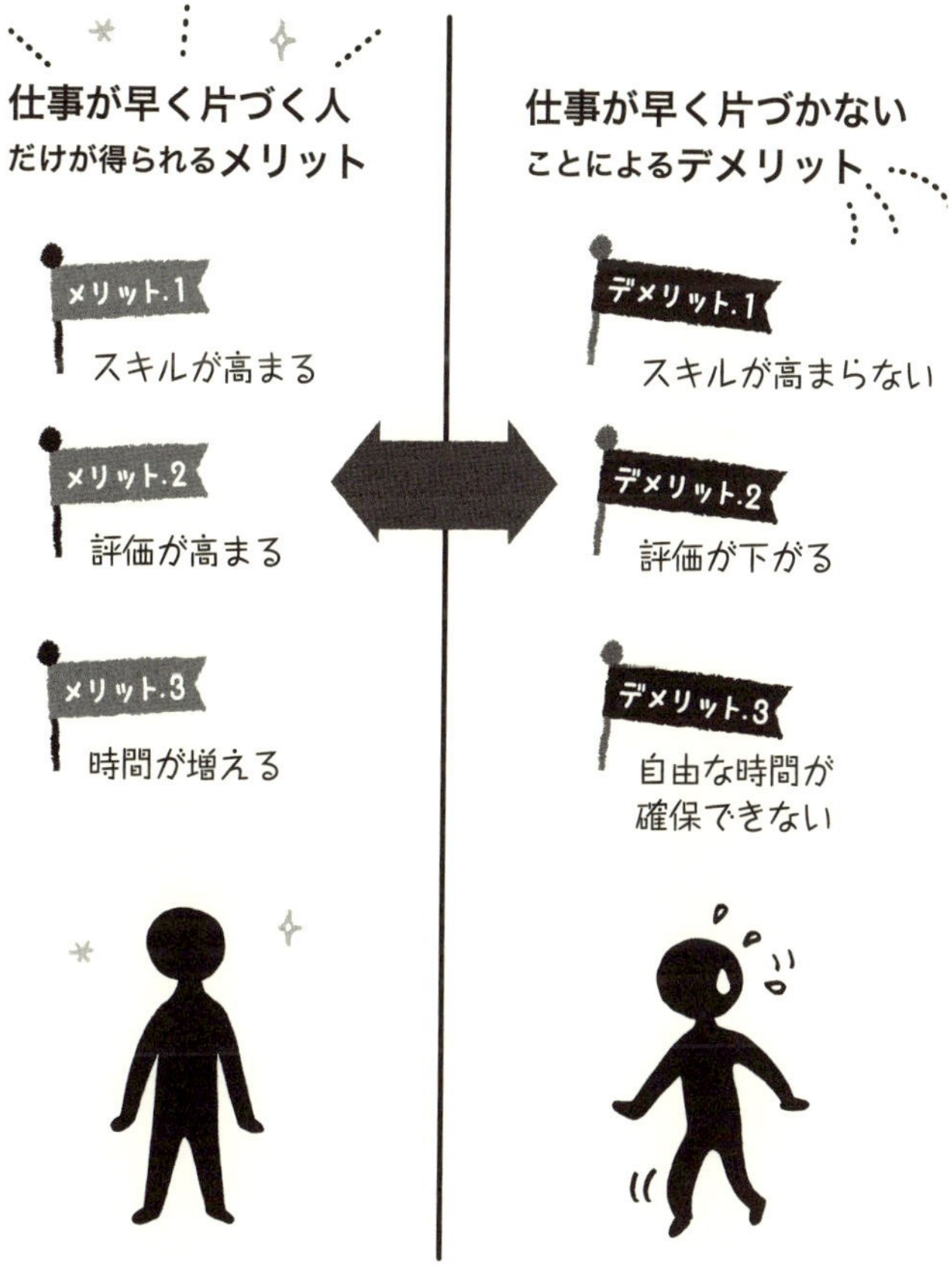

まさに「表裏一体の関係」にある。

4

自分の仕事のクセを知らない

忙しさから解放されない7つのタイプ

仕事を早く片づけられる自分になる――。

誰もが「そうなりたい」と願うことと思いますが、実はそうなることを邪魔しているのは、あなた自身であることも少なくありません。

ところが多くの人が、誤った思い込み、こだわり、性格、仕事のクセなど、自分自身に理由があることに気づいていないのです。

これでは、どんなに仕事の生産性をアップするノウハウや思考法を身につけても、状況は変わりません。

まずは、「仕事を早く片づけられる自分になる」ための準備が必要です。

準備といっても簡単です。

私が導き出した「忙しさから解放されない7つのタイプ」と自分自身を照らし合わせて、自分がどんな仕事の仕方をしているのかを知る、ただそれだけです。

ただし、「こういうタイプだからダメなんだ」「こういう考え方だから仕事を早く片づけられる自分にはなれない」ということではありません。

「自分はこういうタイプだから、こういう仕事の仕方にすればいいんだ」「こういう考え方をしがちなんだな。気をつけるようにしよう」などと、自分に合った対策を立てればいいのです。

そのうえで、「変えたほうがいいな」「変わりたいな」と思ったら、自分改革をしていきましょう。

タイプ1　仕事は断らずに何でも引き受ける

自分が引き受けることが適切かどうかを考えることなく、何でもやみくもに頑張ってしまうタイプです。周りの人に喜ばれることは間違いありませんが、すべてを引き受けていては時間がいくらあっても足りません。

タイプ2　優先順位が変わるとペースダウンする

普段は優先順位をつけて仕事をしていますが、急に割り込み仕事が入ると、とたんに優先順位が乱れてペースダウンしてしまいます。

目の前の割り込み仕事に対処しているうちに1日が終わり、やり残した仕事がたくさんあるまま翌日に持ち越すことが多いタイプです。

タイプ3　短期の仕事だけでいっぱいいっぱいで、中長期の仕事に手がつかない

目先の仕事は締め切りがあり、緊急性を伴うので一生懸命頑張る一方、中長期的な

忙しさから解放されない７つのタイプ

※次のうち自分が当てはまりそうな項目に
チェックを入れてください。（複数回答可）

□ ① 仕事は断らずに何でも引き受ける

□ ② 優先順位が変わるとペースダウンする

□ ③ 短期の仕事だけでいっぱいいっぱいで、
中長期の仕事に手がつかない

□ ④ 堂々巡りして仕事が前進していないと感じることがある

□ ⑤ 完璧にこなさないと次の仕事に移れない

□ ⑥ 仕事がはやい時と遅い時のムラが結構ある

□ ⑦ 他人に任せるのが怖い、イヤ

仕事を先延ばしにして進められないタイプです。緊急ではないけれど、重要な仕事の時間確保ができていない状態ともいえます。

タイプ4　堂々巡りして仕事が前進していないと感じることがある

頑張っているのにあまり仕事が進んでいない、思ったより時間がかかってしまうタイプです。仕事を大きく捉えず、小さく切り刻んで積み重ねていかなければ、やる気がいくらあっても空回りしてしまいます。

タイプ5　完璧にこなさないと次の仕事に移れない

１つの仕事に完璧を求めすぎて行き詰まってしまうタイプです。１つのことに執着しすぎて、本来の仕事の目的や求められていることが見えなくなってしまうのです。すべての仕事が１００％の完成度を求められるわけではありません。仕事ごとに完成度のメリハリをつけ、割り切ることも重要です。

タイプ6 仕事が早い時と遅い時のムラが結構ある

ムラがある人は、ずっと同じペースで仕事をする人と比べ、予定が立てにくく、早い時もありますが、仕事が遅くなってしまうこともたくさんあります。

仕事はできるだけムラをなくしたほうが、早く片づきます。

タイプ7 他人に任せるのが怖い、イヤ

「自分でやったほうが早い」と仕事を一人で抱え込んでしまうタイプです。

他人に任せるのは不安だという心理が働くことは理解できますが、仕事量が増えてくると全体的なスピードが落ち、他人に迷惑をかけるリスクさえあります。


いかがでしょうか？

当てはまるもの、ありましたか？

複数あった方もいるでしょう。

自分のクセを踏まえたうえで、対策を立てたり、予定を立てたりすることで、面白いほど仕事のはかどり方が変わってきます。

自分に合った仕事の仕方を見つけましょう。

5

感情に振り回されている

仕事は2階建てで構成される

これまで1万人以上の仕事の仕方を見てきましたが、確実に言えることがあります。

仕事はテクニックだけ身につけても成果は出ません。

仕事は、2階建てで構成されています（次ページ図）。

1階は仕事に対する基本姿勢や考え方によって構成されます。やり方ではなく「あり方」です。一方、2階はテクニックやノウハウなど、「やり方」です。

2階建ての家を思い浮かべてみてください。基礎工事がなされた強固な土台が1階

「やり方」の前に「あり方」を身につける

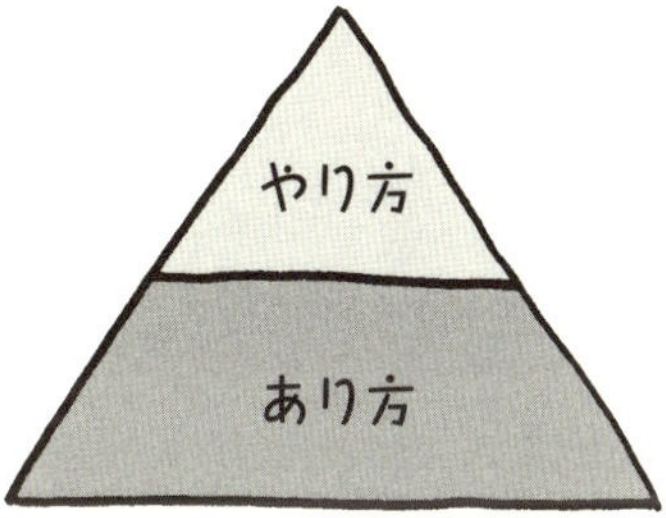

「あり方」・・・基本姿勢、考え方
「やり方」・・・ノウハウ、テクニック

ノウハウやテクニックの前に、
土台となる基本姿勢や
考え方を身につけることが大事。

につくられていないと、2階はすぐに崩壊してしまいます。

仕事の1階（あり方）と2階（やり方）の関係も同じです。

仕事を早く片づけられるようになるには、1階のあり方を「仕事が早く片づけられる人の【あり方・状態】」にしてから、テクニックを身につけることで、より成果が出やすくなるのです。

仕事が早く片づけられる人のあり方は、次の2つが基本となります。

1　感情や意思に頼らずに仕事を行う
2　目標は大きく持っても着手は小さく始めること

「いったい、どういうこと？」と思った人もいるかもしれませんね。

まず、「1　感情や意思に頼らずに仕事を行う」について、お話ししましょう。

感情に振り回されない距離を保つ

仕事をしていくうえで、感情や意思は大切な存在です。鍵になると言えるでしょう。

ただし、感情や意思は、必ずしもポジティブなものだけとは限りません。また、ポジティブすぎる感情や意思がから回ってしまったり、ネガティブな感情に振り回されてしまったりすると、仕事に悪影響を及ぼすことだってありえます。

つい感情的になってしまって、仕事が止まってしまう瞬間を、これまでたくさん見てきました。

つまり、感情や意思ありきで動くことは、危険な面を含んでいるということです。「感情に振り回されず、感情をコントロールせず」が肝心です。

コントロールできないことには時間を割かず、コントロールできることに専念しましょう。感情や意思に頼った仕事方法は、スピードが上がらず「忙しい」から解放されなくなってしまいます。仕事は仕事で、すべきことを進め、その中で、よい影響を感情や意思が与える、そんな関係が理想的です。

6

一気に大きな目標を達成しようとする

◎大きさにとらわれすぎてしまう

続いて仕事を早く片づけるうえでの「あり方」の2つ目、「2　目標は大きく持っても着手は小さく始めること」についてお話ししていきましょう。

人は、何かを始めようとするとき、「せっかく行うのだから、大胆にやっていこう」などと、「大きな第1歩」を踏み出そうとします。

しかし、はじめの第1歩が大きいと、次の2歩目が「これではダメだ」などと踏み出せなくなってしまったり、大きな1歩に見合った大きな壁が立ちはだかり、跳ね返されることが少なくありません。そして、そのことにくじけて、努力することをあきらめてしまうことも、実は起こり得てしまうのです。

たとえば、ダイエットをしようといきなり初日から10キロのジョギングを始めても挫折する可能性があります。英語を勉強しようと、いきなり字幕がない海外のニュースを見始めても、簡単ではないため、やはり挫折する可能性が高くなります。

仕事も同じです。一気に大きな目標を達成しようとするとムリが生じて行き詰まったり、ずっと「忙しい」状態から抜け出せなくなります。おまけにストレスも溜まる一方で、心と体と頭が疲れてしまいます。

仕事で大切なのは、「大きな1歩を踏み出すこと」ではなく、「着実に前に進むこと、進めること」なのです。

◎小局で目指すべきことを目指す

囲碁の世界に「着眼大局、着手小局」という言葉があります。

視野を広く持ち、目の付けどころは大きくても着手は小さく、具体的にできることからやっていきましょう、という主旨です。

大きな1歩を踏み出すと周りは称賛してくれます。「頑張っているね」「チャレンジ精神が素晴らしい」など。しかし、よほどの天才でもない限り大きな1歩を成果が出るまで出し続けられる人はいません。時間、予算、人間関係、メンタルなど何かの問題が発生して途中で挫折してしまうリスクが大きいからです。挫折してしまうとそれだけ時間もロスをしてしまいます。

小さな1歩は地味でカッコイイものでは決してありませんが、途中で挫折のリスクを軽減できます。小さな1歩目を高速で積み重ねる視点を持てば、挫折リスクを軽減しながら仕事を早く片づけられるようになるのです。

理想や目標を高く掲げることは、とてもよいことです。ただ、やみくもに立ち向かう前にまずは、「1分」立ち止まってください。

自分に合った方法で今すぐ始められる小さな第1歩目は何だろうか？　頭の中で

GOALには一気に行かなくてもいい

しっかりと整理してから着手しましょう。
仕事のスタンスは「理想や目標は高く、着手は小さく」。
「忙しい」からの解放は、小さな着手から始まると言っても過言ではありません。

第2章

時間をかけずに仕事を素早く終える「段取り」の整理術

1

すべての仕事を「因数分解」からはじめる

大きな仕事は小さな仕事の集合体

早く仕事に着手しなければいけないのに、どうも気が進まない。

「今やらなくても明日でもいいか……」とつい先延ばしをしていたら、仕事が雪だるま式に積み重なり、後日の負担が重たくなってしまった。

そんな経験はありませんか？

なぜか気が進まない、そんなときは、その奥にある2つの気持ちが足を引っ張っている可能性があります。

1 面倒くさい
2 なんとなく不安

なぜこんな心理になるのか。それは、仕事を「大きなかたまり」のまま捉えてしまうからです。〝大きなかたまり＝完成形〟を、いきなりイメージしてしまうと、「そんなことできるだろうか」「うわ、大変そうだ」と、つい尻込みしてしまうわけです。

たとえば、「15キロの機械を部の皆に見せてあげたいので、会議室に運んでほしい」と社長に依頼されたら、どうでしょう。

「こんな重たいもの運ばせるなんて、どうかしている。運べるわけないよ。まったく、どうすればいいんだ。台車で持って行けるかな。ああもう！　大変で面倒だなぁ」という気持ちになりますよね。

でもその機械が、細かく分解できる組み立て式のものだったらどうでしょうか。「運べるわけない」とか「ああもう！」などと思わず、部品を1つずつ運ぶでしょう。

機械が様々な部品から成り立っているのと同じように、大きな仕事は、小さな仕事の組み合わせで成り立っています。

つまり、大きい仕事は、手軽な大きさに因数分解してしまえばいいのです。

これ以上ないくらい分解すると「TO DOリスト」になる

「先週、顧客から受けたクレームについて、改善策の報告書をつくってほしい」

そう上司から指示が来たとします。

みなさんは、どのように取り組むでしょうか。

すでにおわかりとは思いますが、いきなりパソコンに向かって、報告書を作成し始めるようでは苦労するのは目に見えています。

まずは、仕事の全体感を把握し、続いて次ページのとおり、「改善報告書」の作成に必要な作業に分解します。

●報告書自体の作成

どのソフトを使うか？　どんな構成にするか？　どんなタイトルにするか？

仕事の「因数分解」

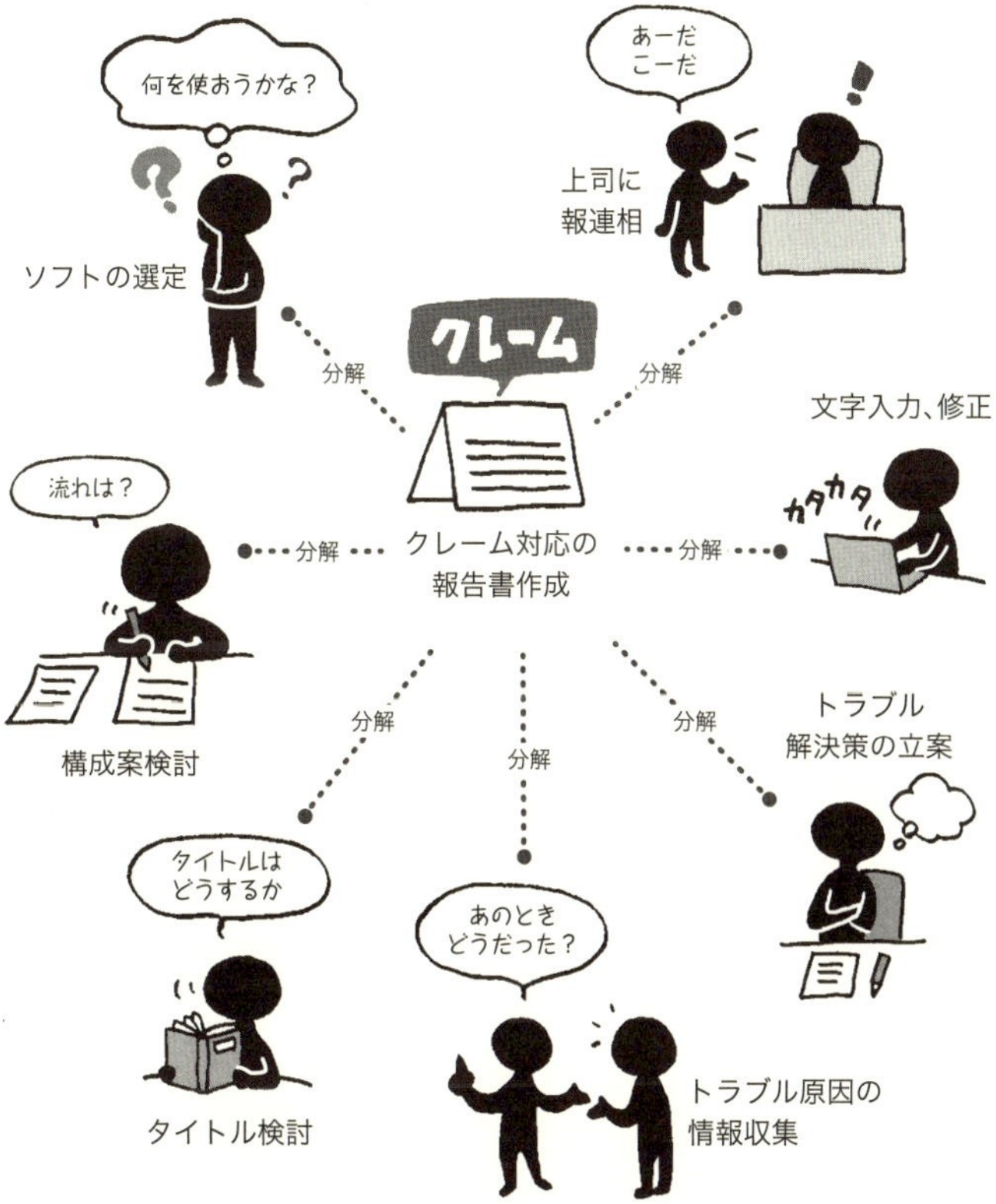

「報告書作成」という大きな作業単位でのとらえ方をやめて、分解して作業単位を小さくとらえる視点に切り替える。

●**情報、材料の調達**

原因に関する情報は集まっているか？　改善策のアイデアは社内で協議済みか？

●**進行・手順についての前フリ**

内容の共有は上司とできているのか？　チェックは誰に、いつもらえばよいか？

など

こうすることで、1つずつの作業は小さなサイズになり、大変さが減るだけでなく、必然的に「TO DOリスト」ができるため、後はそれぞれをやり遂げれば、「大変だなあ」と思った仕事も着実に仕上がります。

さらに、状況をきちんと把握したうえで手掛け、仕上げていくことができるため、実はミスも少なくなります。

ちょっとでも「大変そうな仕事」「手間がかかる仕事だな」と思ったら、いったん手を止め、仕事の全体像をイメージします。

イメージを抱いたまま、まずは1分間、頭を整理してもっと作業単位を小さくできないかを考え、必要な仕事を分解して書き出しましょう。

先ほどの報告書作成の事例でいえば、「トラブル原因の情報収集」とは、さらに「顧客にアポイントをとる」「上司に顧客へのヒアリングに同行を依頼する」「質問項目を書き出す」など。

できる限り、これ以上ないくらい細かく考えましょう。

仕事を因数分解して、作業単位を小さくし、誰もがとりかかりやすい作業に落とし込む。


1分間の因数分解は、どんな仕事でも早く片づけることができるようになる、魔法の手法なのです。

2

「TO DOリスト」のタスクは3つに集中

◎「TO DOリスト」は仕事の指針

「TO DOリスト」、みなさん、ご存知ですよね。

「TO DO」つまり、「するべきこと」を書き出したものです。

仕事を早く進めたいのであれば、「TO DOリスト」の作成は、やはり欠かせません。仕事の指針となるからです。紙やPC、スマホのメモ機能などに書き出し、目に見える状態にしておけば、どんなに忘れても思い出させてくれ、堂々巡りや抜け漏れを防ぐことができます。

「するべきこと」をすべて書き出したら、仕事の緊急度と重要度を考慮して、「どれからすべきか」優先順位を必ずつけておきましょう。

「TO DOリスト」のつくり方
1 自分がすべきこと(行動)をすべてリストアップする
2 仕事の緊急度と重要度を考慮して、「どれからすべきか」優先順位をつける

◎大事なのは「TO DO」よりも「集中」

「TO DOリスト」を書き出したとき、1つの仕事で10個以上の「TO DO」が出てきたら注意が必要です。

人は、やるべきことが多いと、集中しづらくなってしまうからです。Aをしている最中なのに「AではなくCの仕事を先にしたほうがいいかな？ そういえば、Eも急がないとダメだったな」などと、ほかのことが気になってAに気持ちがいきません。

集中して取り組むことができる環境をつくり出すことが必要です。

オススメは「TO DOリスト」のほかに「集中リスト」をつくることです。

「集中リスト」のつくり方
1 「すべき項目」をすべてリストアップして「TO DOリスト」をつくる
2 「TO DOリスト」の中から上位ベスト3（最初は1～3位）だけをピックアップして「集中リスト」をつくる

「TO DOリスト」を2段階式でつくるのです。

「集中リスト」にいたっては、たった1分でできてしまう優れものです。

「集中リスト」を作成したら「TO DOリスト」はいったん机の引き出しや手帳などに挟んでしまい、物理的にも視界から消して、「集中リスト」の3つだけに集中できるような状態にします。「集中リスト」の3つが終わったら、「TO DOリスト」の次の上位3つ（4～6位）を新たにピックアップし、「集中リスト」に入れます。

この繰り返しで、集中力をうまく使って、仕事の効率アップを図るのです。

日常はただでさえ集中力を奪う誘惑がいっぱいです。ほかのことに目移りせず、いかに集中できるかが、仕事を早く片づけるうえで鍵を握ります。

「集中リスト」でスピードアップ

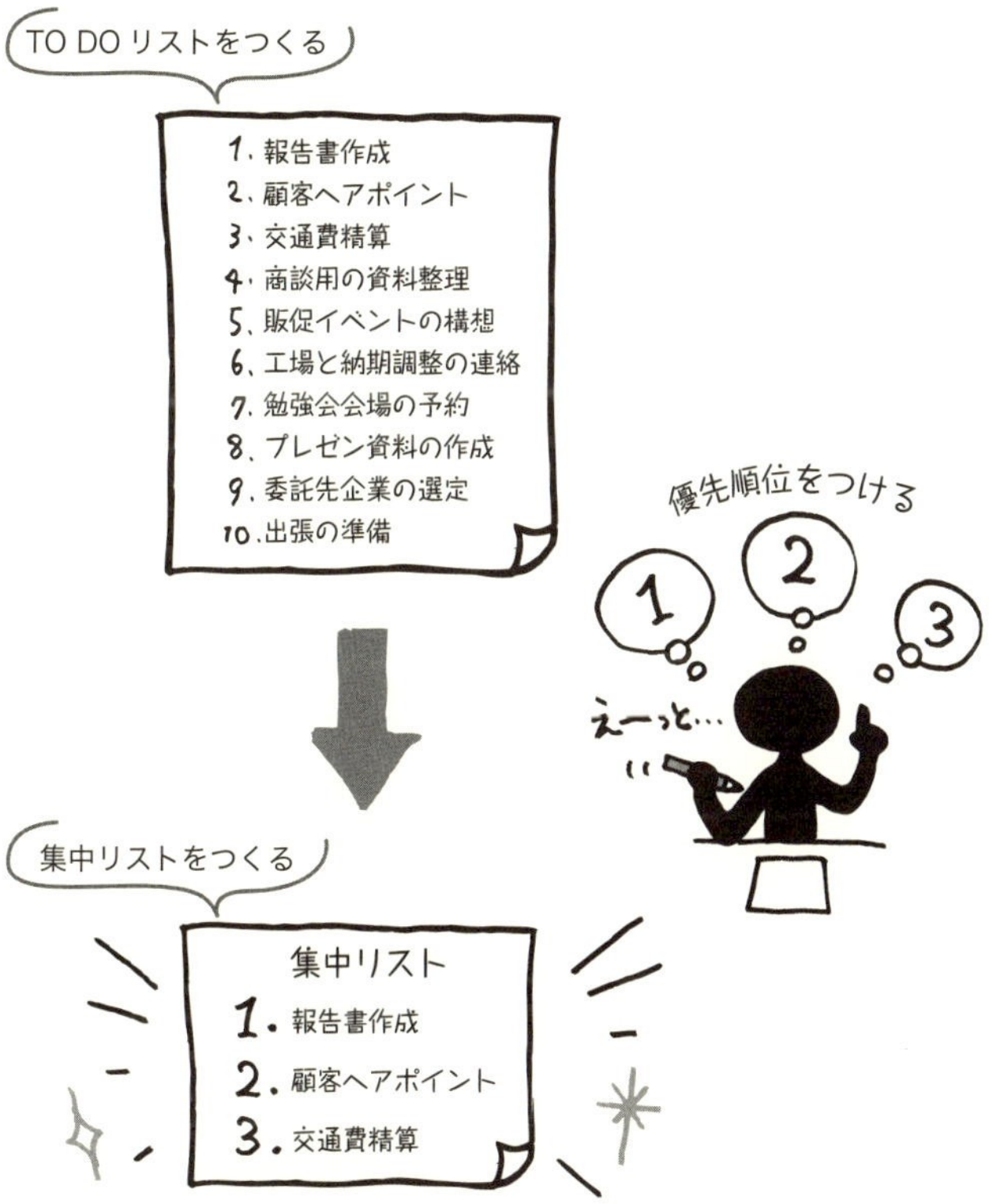

「すべきこと」の一覧はTO DOリストにつくっておき、「今、集中すべきこと」として優先順位の上位3つをピックアップすることで集中力を上げる。

3

判断軸を3つ持っておく

◎判断軸によって見方・結論が変わる

仕事は、環境や状況ほか、その時々で判断軸が変わります。今日はこの仕事が最優先だけど、明日はほかの仕事が最優先となるなど、いろいろな見方ができるということです。

その主たるものが、次の3つです。

①緊急性と重要性

見積書の作成、顧客からの依頼など文字どおり期限があるものや、新規顧客の開拓など期限はないものの長期的に取り組むべきことです。

② 定型的と非定型的

型どおりに行えばこなせる仕事と創造的な仕事、という言い方もできます。

定型的な仕事とは、経費精算の処理、会議の議事録作成、進捗管理などいつも同じような形式で効率性が重視される仕事です。

一方、創造的な仕事は、商品企画や戦略立案、企画書作成など、定型的なフォーマットがない仕事です。効率性よりも質を重視します。

すべき仕事がどちらの性質なのかによって、時間の見通しの立て方が変わります。

③ 自分仕事と他人仕事

自分でしかできない仕事なのか、他人に任せることができる仕事なのか、です。

「絶対に自分しかできない仕事」「他人に完全に任せられる仕事」「一部だけ他人に任せる仕事」など、内容に応じて冷静に集中すべき仕事を明確にすることで、効率的に仕事を回すことができます。

自分でなくてもいい仕事まで一人でこなしていると、いつまでたっても「忙しい」から抜け出すことはできません。

◎本当に必要なことは何かで1日の過ごし方が変わる

今日しなければならない仕事「TO DO」を書き出したら、①〜③の視点で1分間見比べ、優先順位を決めていきます。

- あなたがしなければならないのは、そのうちどの仕事なのか
- あなた以外の人に回せる仕事は、どれだけあるか
- 短時間で片づけられる仕事と時間が読めない仕事、どっちを優先するか

仕事の優先順位は緊急度だけではないのです。


最後に「今、もっとも集中すべき仕事は何か?」「種類別に時間配分はどういう割合にするのがベストか?」と自問しましょう。

その答えが、成果に直結する「TO DOリスト」をつくり出すのです。

「TO DOリスト」整理 3つの視点

	内容	例	ポイント
緊急度／重要度	急ぎの仕事、重要度の高い仕事を考慮して優先順位をつける	 (緊急)クレーム対応 (重要)新規顧客開拓など	緊急度だけではなく重要度も加味することで目先の仕事以外にも着手できるようにする
定型的／非定型的	型どおりにこなせる仕事と型がなく自由に考える仕事のバランスを考慮して優先順位をつける	 (定型)経費精算 (非定型)戦略立案など	定型的な仕事を先に終わらせてから非定型的な仕事の時間をとるべきか、逆がよいのかを考慮する
自分／他人	自分しかできない仕事と他人に任せることができる仕事のバランスを考慮して優先順位をつける	 (自分)担当顧客の対応／ (他人)イベントの準備など	他人にもできる仕事は「誰に・どのように」任せるかを考え、先に明確にする

緊急度、重要度以外の整理方法も考慮して整理すると段取りがしやすくなる。

4

優先順位より「劣後順位」にこだわる

全部する必要があるのかを見直してみる

「仕事において大切なことは劣後《れつご》順位の決定である」

経営学の大家、故ドラッカー博士の言葉です。

〝劣後順位〟は、優先順位の反対語と解釈するといいでしょう。

やるべき仕事よりも、やらない仕事や優先順位が低い仕事を先に明確にし、捨て去ることを躊躇《ちゅうちょ》してはいけない。そんな意味が込められているようです。

「忙しい」人の多くは、仕事に優先順位をつけたり、「TO DOリスト」を作成したりといった対策を何かしらとっています。にもかかわらず忙しい理由、それは、仕事の総量が多いからです。

優先順位をどんなにうまくつけても、仕事の総量を減らさなければ、「忙しい」から解放されません。たくさん仕事があれば、スピードアップにも限界が生じます。

仕事を早く、効率的に進め、よいパフォーマンスをするには、自分にとって最適なバランスを整えることが必要です。

それには、「やらなくていい仕事」「やらない仕事」を明確にして捨て去ることが必須なのです。

◎必要のないものは捨てていい

「やらない仕事」とは「捨てる仕事」と言い換えることもできます。

その主たるものが、次の3つです。

1 明らかに緊急度と重要度が低い仕事

現時点で「緊急度と重要度」が低い仕事です。たとえば、ファイルの整理、業務日報の作成などです。

2　誰がやっても同じか同等以上の質となる仕事

訪問予定の顧客企業に関する情報収集、同僚の送別会の段取りなどです。本当に自分しかできない仕事なのか、考えます。

3　「今すぐ」やらなくてもよい（よくなった）仕事

来月開催予定の定例会議に向けた報告書の準備、取引先の返事待ちの仕事などです。「今すぐ」「必ず今日中に」やるべき仕事かどうかを考え、そうでない場合は、いったん捨てて他の仕事を優先します（ただし、内容により上司や取引先に確認は必要）。

「やらない仕事（捨てる仕事）」を明確にすることで残った手元の仕事のみに集中できます。

優先順位をつけて効率化を図ると同時に、仕事の量を減らす視点も、仕事を早く片づけるうえで欠かせないことなのです。

迷ったら、「今、やらなくてはいけないことなのか」、1分間見比べて決めていきましょう。

「優先順位」と「劣後順位」

やるべき仕事の明確化
（着手する仕事）

成果につながる
優先順位づけにより
仕事の「質」を上げる効果

やらない仕事の明確化
（捨てる仕事）

仕事にかける時間を
短縮するため仕事の
全体「量」を減らす効果

優先順位で「質の向上」を、
劣後順位で「量の削減」をはかることで
仕事がはやく片づく。
「段取り」は、両方の視点が必要。

5

思い切って周りの力を借りる

自分のほうがベターなくらいなら他人に回すのがベスト

どんなに頑張っても、あなたは一人しかいません。
そして、1日は24時間です。できることは限られています。
その限られた時間の中で、賢く取捨選択することで、成果も出やすくなるのです。

「自分も」できることなのか、これは「自分しか」できないことなのか、「他人でも」できることなのかを意識することが大切です。

スキルアップして自信もつけ、仕事を片づけるスピードが速くなっても、すぐに限界に達します。それは、一人でできる仕事には限界があるからです。

にもかかわらず、他人に任せるとなると、「自分と違った方法でやられるとうまくいかないかもしれない」「仕事のお願いごとをするのが面倒くさい」「経験が自分より浅いので危険だなあ」と考え、他人を頼れない。当初は他人に任せてみたものの「やっぱり自分でやったほうが早いや」と心の誘惑に負けて自分で抱え込んでしまう。

こんなタイプの人は、仕事を早く片づけるうえで損をしていることがあります。

●協力者が生まれず、早く帰宅できない
●時間の効率化に限界が生じる
●自分一人の負荷が重くなり疲労困憊《こんぱい》でストレスが蓄積する
●会社を休む際、他の人が穴埋めできず同僚に迷惑をかける
●一人だけで頑張るので十分なチェックが働かず、抜け漏れのミスが多発する
●役職者の場合、周りの人が育たないため評価されない

このような損をしないためにも、仕事の着手前に1分間、「TO DOリスト」を見

ながら、「この仕事は本当に自分にしかできないものか」をチェックし、「自分にしかできないもの／他人でもできるもの」をそれぞれマーカーなどで色分けすると効果的です。

◎引き受けてもらえるよう環境を整える

「他人でもできそうな項目」を選別したら、手伝ってもらえる相手を探します。

とはいえ、人の仕事を引き受けるのは、そう簡単ではありません。仕事をどう任せるかの前に、まずは相手に「手伝ってもいいよ！」と思ってもらうことが肝心です。

それには、次の2つが必要です。

1 内容の共有

内容の共有とは、これからお願いする仕事の中身を相手に伝えること、そして相手の状況を知ることです。

まずは進捗に関する情報共有を十分行いましょう。

今、何の仕事が、どの程度、滞っているのかなどがわからない状態で、いきなり任されては相手も困ります。また、トラブルを引き起こしかねません。常に、状況をしっかりと共有しておくことです。

反対に、頼みたい相手の予定など、状況も事前に確認しておくことが必要です。

たとえあなたの役職のほうが上であっても、最低限のルールです。

相手の繁忙時にお願いしても、仕事を引き受けてもらえることはないでしょう。

必ず前もってお願いする可能性がある時間帯の状況などを確認してください。相手に気持ちよく動いてもらうための配慮です。

2 業務の簡素化

あなたの仕事は、あなた自身がいちばん熟知していますし、経験もあります。それを他人にいきなり任せるのはあなた自身も怖いでしょう。失敗のリスクも伴います。

また、その不安な思いは相手にも伝わってしまいます。

どうしてもそのリスクや不安が払拭できないのであれば、「仕事の因数分解」を行い、丸ごとではなく一部だけ任せるなど、分担方法を調整するといいでしょう。

飛行機は離陸の際、いきなり直角に急上昇しませんよね。徐々に高度を上げていきます。これと同じことです。

「顧客向けの提案書をつくってほしい」といきなり全作業をお願いするのではなく、「たたき台だけつくったので数字の部分だけグラフ化してほしい」、または「プレゼン用に効果的なアニメーションをつけてほしい」と小さな単位でお願いします。こうすることで失敗時のリスクも軽減します。

その後、相手のできる範囲が増えてきたらすべて任せるようにしていきます。

このように段階的に任せる範囲を増やすことで、相手の習熟度を高めながら人間関係の距離も同時に縮めていくことが可能になります。


ただし、3つの注意点があります。

1 クレームなどのトラブル対応

とくにあなた自身が責任者となっている仕事の場合は、誰かに任せてしまうと、任された相手や周りから、責任逃れだと捉えられるリスクがあります。

2 期限を具体的に設けること

「明日の昼までに」では、12時までを指すのか、13時くらいまでにはということなのかわかりません。正午まで、17時までなどと、絶対に間違いが起きないよう具体的な時間まで指定しましょう。

3 進行管理

時間がかかる業務ならなおさら、途中経過の確認が必要です。期限の直前になってまだ3割しか終わってないとなれば、トラブルにつながります。内容によりステップ1、2、3と区切って確認することで失敗のリスクを防ぎ、安心して任せることができるようになります。

他人の力を借りることは、仕事が早く片づき、あなたが楽になるだけにとどまらず、任せた相手の仕事の方法を学ぶことも可能になります。他人の力を借りることは、一石二鳥にもなる効果を生み出すのです。

6

はじめから完璧を目指さない

完璧＝いいことではない

優秀なのに、「忙しい」からなかなか抜け出せない人がいます。

その人たちの共通項の１つに、すべての仕事において完璧を目指そうとすることがあります。

「完璧」というと、とても素晴らしいことのように思えますが、ビジネスシーンにおいて、「完璧」であることは必ずしもよいことではありません。

むしろ、完璧ではないことを求められることもあれば、全力を尽くすことによるデメリットもあるからです。

すべての仕事に全力を尽くしていたら、時間がかかって仕方がありません。

全力で手取り足取り教えすぎたら、いつまでも部下は成長せず、自分で工夫して仕事をしなくなります。あえて100%を目指さないほうがよいこともあるのです。

契約書や経費精算の申請のように法律に沿うものやお金に絡むこと、クレームのようなトラブルはダメージが大きいため、対応に万全を期し、完璧を目指す必要があります。

社外向けの各種書類に関しても、公式な記録として残るため100%の完成度を求めたほうがよいでしょう。

企画、提案内容の構想など、「考える仕事」は、どこまでいっても100%には至りませんし、情報収集もキリがありません。部下教育など、何が100%なのかわからない仕事もあるでしょう。

つまり、仕事の内容により求められる完成度が異なるということです。

すべての仕事で完璧を目指すことに意味はないのです。

◎全力は出すべき時に出せばいい

完璧を目指すあまり、仕事が遅くなったり停滞したりしてしまうくらいなら、いったんそこで「仮終了」して、周りの人にアドバイスをもらう、残り部分は協力してもらうなどして残りの部分を他人の力や知恵を借りながら進めたほうが、質もよくなり早く片づきます。

また、アイデアなどを考える仕事の場合は、ある程度進んだら、いったんストップして一定日数寝かせてから、あらためて後日、残りの部分を考えたほうが、新鮮な頭でいいアイデアが思いつくなんてこともあります。

完璧ばかりを求めず、「メリハリ」をつけることで、成果が上がることも少なくありません。

これから手掛ける仕事は、どれくらいの完成度を求めるのか確認してから、取りかかるといいでしょう。

「この仕事は今日中に完璧が求められるかどうか」という視点で、着手前に1分間整理をしてみてください。

仕事で求められる完成度別に仕分け

以下の業務一覧（ＴＯ ＤＯリスト）より１００％の完成度が求められる仕事と６０％程度でよい仕事を仕分ける。

（業務一覧）TO DO リスト

契約書の作成、企画の立案、翌日の出張準備、稟議書の作成、情報収集、来月の商談向け提案内容の構想、クレーム対応、部下へのＯＪＴ指導、交通費の精算

（回答例）

100%	契約書の作成、翌日の出張準備、稟議書の作成、クレーム対応、交通費の精算
60%	企画の立案、情報収集、来月の商談向け提案内容の構想、部下へのＯＪＴ指導

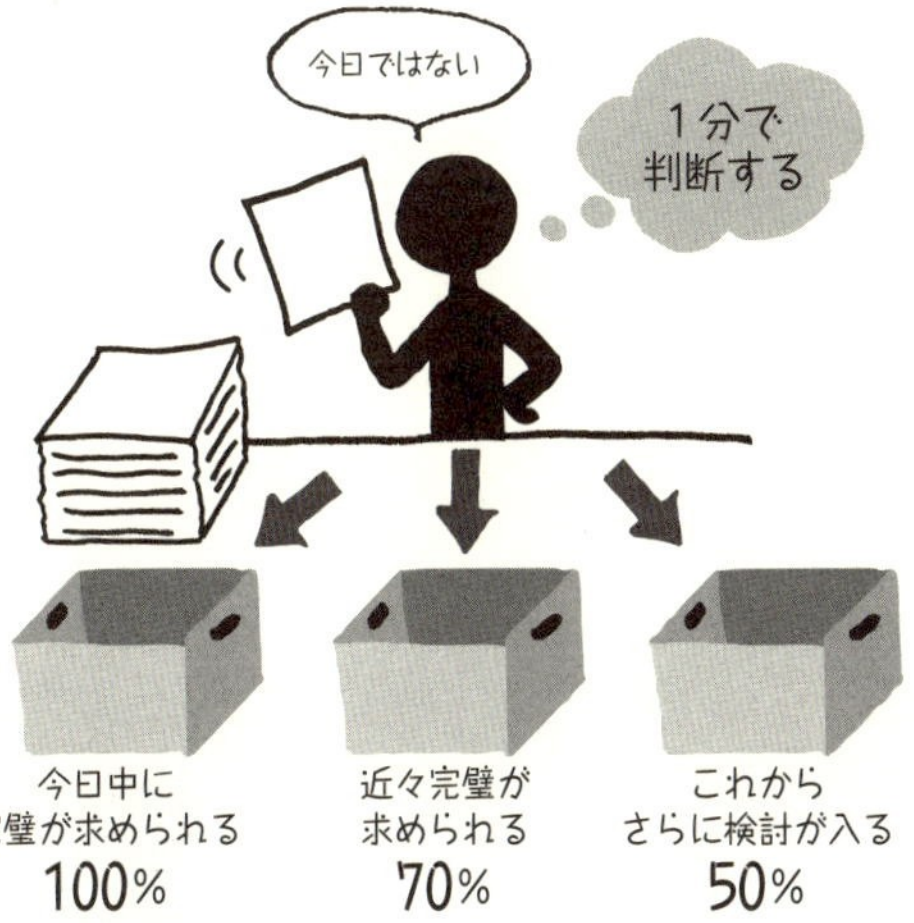

「ＴＯ ＤＯリスト」には、求められる完成度を数字で表しておくと便利。

7

仕組み化で仕事を2倍速にする

◎苦手な分野ほど仕組み化したほうがいい

気が乗らない、忘れてしまって思い出せない、よいアイデアが思いつかないなど、私たちの日常は仕事のスピードを落とす〝足かせ〟であふれています。

少しでもこれらをなくし、早く片づけるには「仕組み化」という視点を仕事に持ち込むことです。

「仕組み化」とは、感情や記憶、発想力などのセンスに振り回されずに、自動的に仕事ができるようにすること。

人は感情の生き物ですから、気が乗らない日もあります。ましてや悩みごとなどがあると、気持ちが上がらず、いつも以上にスピードは落ちます。特に苦手なことに対して、その傾向が出やすいといえます。

実は、どんな状況であってもスピードが落ちず、早く仕事が片づくようにする方法があります。

それが、仕組み化です。

仕組み化のメリットは主に3つあります。

1 時間のムダが省ける

2 ミスがなくなる

3 人に任せることができる

仕組みさえつくっておけば、気が乗らない時だけでなく、身体の調子がよくない時など、それこそ風邪で仕事を休んだ時でも、仕組みどおりにほかの人が代わりに進めておいてくれることもできます。

どのような仕組みをつくれば、みんなが気持ちよく対応できるのか

どのような仕事を仕組み化すれば、スピードアップするのか見ていきましょう。

まず、仕組み化が向いている業務は次のとおりです。

1 繰り返し業務

いつも同じことを繰り返す定型業務は真っ先に「仕組み化」してください。議事録の作成、交通費の精算、業務連絡などです。毎回、同じことをするのであれば、もっと高速で片づける方法を検討します。

2 忘れそうな業務

記憶に頼るだけだと抜け漏れが発生しそうな業務は忘れないような「仕組み」を導入する必要があります。出張の準備項目の抜け漏れ、忙しくて請求書の発行を忘れる、

仕組み化3つのメリット

仕組み化すると・・・

方法の確定 →	時間のムダが省ける
手順の確定 →	ミスがなくなる
文書化 →	人に任せることができる

失敗が許されない販促イベントの段取りなどです。

3 自動化できる業務

ＩＴツールも駆使して自動化します。懇親会参加者の予定調整、検索による情報収集、難しい漢字の変換など、手間がかかる業務は仕組み化が可能です。

◎仕組み化は信頼できる相棒づくりと一緒

「仕組み化」は次の3つの手順で行います。

1 対象業務の選定

対象業務の選定については先ほど話したとおり「繰り返し業務」「忘れそうな業務」「自動化できる業務」となります。

2 対象業務別、仕組み化の方法

●「繰り返し業務」については・・・

ゼロから構成を考えずに書式をつくっておく、似たようなパターンを保存しておく、ショートカットキーを覚えるなどが可能。

●「忘れそうな業務」については・・・

チェックシートをつくる、エバーノートなどのメモアプリに項目を保存しておく、グーグルカレンダーの機能を使って業務の期限前にメール通知が来るように設定しておくことで仕組み化は可能。

●「自動化できる業務」については・・・

文字入力であれば一文字ずつの入力や変換に手間をかけるより、単語・文例登録機能の活用やスマホであれば音声入力を使うこともできる。

また懇親会などの参加者の予定を調整するなら、日程調整アプリを使うことで一人ずつ確認しなくてもよくなる。情報収集であれば、グーグルアラート機能が使えます。キーワードを登録しておくと検索エンジン上の最新情報を集めて、自動的にメールに配信してくれるなど。

3 文書化

方法を決めてうまく自分でできるようになったら、最後に文書化しておきます。

マニュアル化は、分厚い資料をつくるような本格的なものである必要はありません。付せんに書き出して手帳に貼っておくレベルでもよいでしょう。箇条書きのメモにしておく方法でもかまいません。

文書化の目的は、ほかの人でもできるようにすることです。

手順や方法を文書や図にして誰が見てもわかるようにすることで、あなたが欠勤したときの対策として、また業務をわかりやすく人に教育するツールとしても活用ができます。

仕組みができたら、あとは毎朝「TO DOリスト」をながめながら、どの仕組みを使うか1分間考えて振り分けていけばいいのです。

第3章

忙しさに
振り回されない
「時間」の整理術

1

時間の使い方は自分主導で決める

◎他人の予定に振り回される人は自分の仕事ができない

予定を立てるとき、あなたはどうしていますか？

「提案書の作成」「定例会議」「商談」「○○社訪問」などといった他人との予定を先に決め、「新規顧客訪問の準備」「業務改善のための仕組み化」などといった自分の予定を後回しで入れているのではないでしょうか。

しかし、これではずっと他人の予定に時間を支配されっぱなしになってしまいます。

自分主導で時間を管理できなければ、いつまでたっても人の頼まれごとをこなすだけで時間がなくなってしまい、やらなければならないことは山積みのままです。

「他人に振り回されてしまって、時間の主導権を持てない」

実際に、クライアントからよくこうした嘆《なげ》きを聞きます。でも、よく考えてみましょう。

忘れてしまいがちですが、他人主導の予定であったとしても、最終的に受け入れるのを決めているのは自分です。

つまり、決め方を変えればいいのです。

自分の予定を先に入れて他人との予定をブロックするのです。

もちろん、仕事をしている以上、商談や打合せなど他人との時間で、どうしても避けることができないものがあるでしょう。

それでも、他人とのアポイントを先に入れて、余った時間に自分の時間をとるという従来のやり方を捨てるだけで、やるべきことをやるべき時にすることができるようになります。

◎時間の主導権を取り戻すルール

時間の使い方を自分主導で決める方法は、次のとおりです。

ルール1　優先したい自分の予定をリストアップすること

まず、必ず自分が取り組んでおきたい仕事をメモなどにリストアップします。

急ぎの仕事を優先しがちですが、普段できないようなじっくりと腰を据えて取り組む長期的な仕事、仕事の仕組み化、戦略の立案なども忘れずに書き出してください。

ルール2　年始、月初、週初めにスケジュールを整理すること

年始、月初、週初めなど、スタートのタイミングでスケジュールを入れます。

1分間、自分が優先したい仕事と希望する時期を整理し、予定が確定していなくてもいったん仮でスケジュールに入れてしまいます。

イメージしている予定があれば、先々まで入れてしまってください。

これは仕事のみならず、プライベートも同じです。

時間の主導権を取り戻すルール

ルール.1

優先したい自分の予定をリストアップすること

ルール.2

年始、月初、週初めにスケジュールを整理すること

ルール.3

入れた自分の予定は原則として変更しないこと

たとえば8月20〜31日までハワイに旅行に行きたいと考えた場合、時間がとれそうになってから旅行の申込みをするのでは、希望の飛行機のチケットを逃してしまうリスクがあります。そのため、先に予約をとってしまうのです。そして、実行できるように根回しや早期に仕事が終わるよう工夫することを考えればいいのです。

ルール3 入れた自分の予定は原則として変更しないこと

一度入れた自分の予定は、原則、変更しないようにしてください。変えたくない予定を入れることを「予定をブロックする」と言います。

何が何でも絶対に死守しなくてはならないわけではありませんが、スケジュールはお人よしではなく、「わがまま」になっていいのです。

仕事はクレーム対応のような突発的な事態が発生し、深刻な状況に陥ることもあります。

その場合は、特例として変更しましょう。

「時間ができたらやろう……」

そう思ったものの結局できなかったことはありませんか？

「時間がとれそうだな」と思うと、想定外の依頼や誘いなどが入ってしまい、結局、時間が確保できないなんてことがほとんどではないですか？

周りの状況は、自分ではコントロールできません。ですが、振り回されるばかりでは、自分の時間はどんどん減るばかりです。

だからこそ、あらかじめ自分で主導権を持って時間をコントロールするための「ルール」を明確にしておくことが大切なのです。

「自分主導で時間の使い方を決める」と決める。これは1分かかりませんね。

ルール化することで、振り回されることを未然に防ぐことができるのです。

2

急な頼まれごとはうまくかわす

拒否するのではなく"かわす"

急な頼まれごとをされ、本当は断りたかったのに断れなかった——。

そんな経験はありませんか？

頼まれごとは、余裕がある時ならば引き受けても仕事にさほど影響はないかもしれませんが、すべてを引き受けていては予定どおりに仕事が片づかず、結果、自分が残業をする羽目になるリスクが生じます。

頼まれ仕事こそ、しっかりコントロールする必要があります。

仕事が早い人は他人への断り方がスマートです。

相手の心証を悪くしない「かわし方」がうまいといったほうがいいでしょう。

頼まれごとは3ステップで上手にかわす

相手の心証を悪くせず、かわす方法は次のとおりです。

ステップ1　いきなり「NO」を突きつけず、「前向きな意思」を伝える

最初から断りの言葉を口にすると、頼みごとをしてきた相手を傷つけ、不快にさせるリスクがあります。

まずは、「ぜひやってみたい」「少し考えてみましょう」など、実際の心境がどうであっても、前向きなセリフを言葉として発信します。

このとき、言葉だけでなく表情もポジティブにしてください。言葉はポジティブなのに表情に熱意がなかったり、眉間にしわが寄っていたりしていたら、相手も不信感を抱きます。

ステップ2　現在の仕事状況（引き受けが難しい理由）を正確に伝える

前向きな意思を見せた直後に断るのでは、相手に期待だけさせて崖から突き落とすことになり、不快な思いをさせてしまいます。

「今は17時締め切りの仕事をしていて……」と、現状を先に、それもできるだけ具体的に伝え、相手に「依頼が難しそうな状況だな」と気づいてもらうためです。

この際、抱えている仕事の緊急性・重要性を明確に伝えてください。数字を入れることで具体的になり、誰から依頼された（誰向けの）仕事なのか、固有名詞を入れることで重要度が増します。

ステップ3　「代替案」を提示する

ここまでの説明で依頼者側も「難しそうだな」と感じてあきらめモードに入っているでしょうが、最後まで「だからムリです」などといった断り表現は口にせず、「代替案」を提示しましょう。

「明日中でよければ、明日の17時までにやります」とか、「A君に手伝ってもらおうと思いますが、いかがですか？」など、具体策をあげましょう。

なお、「急ぎ」と言いつつ、若干余裕がある場合もあります。デッドライン（絶対に厳守すべき期限）はいつなのかを確認し、ギリギリまで相手に応じる意思を見せましょう。

ちなみに、選択肢を2つ出すと「お、真剣に考えてくれているな」と好感を持ってくれ、3つ以上出すと、「相手の視点で具体的に策を練れるできる人」という高評価にも変わります。

かわし方のバリエーションや代替案の提示ができればできるほど、依頼を断っているにもかかわらず、相手の心証は悪くなるどころか、よい印象になります。

これが、上手にかわすということです。

パターンが決まっているので、1分でかわし方を整えることができます。

好印象を与えて、自分の時間の主導権を取り戻すことができるお得な3ステップ、どんどん活用してください。

3

難しい仕事は「頑張るタイム」に割り当てる

1日の予定は、集中力の状態で決める

自分の仕事の時間をしっかりと確保できたのに、1日の終わりに「TO DOリスト」を見返してみると、思ったほど進んでいなかったという経験はありませんか?

これは「集中力」と「時間帯」の組み合わせに問題があります。

多くの人が、「すべきことの内容」で手掛ける順番や1日の予定を決めていますが、人間の集中力は常に一定ではありません。集中力がもっとも必要な仕事は何か、つまり、「効果的に時間を使うという視点」で予定を決めることが実は必要なのです。

もっとも「集中力が上がる時間帯」を起点に1日の時間配分を整理し直しましょう。

◎「頑張るタイム」の見つけ方

私は、1日でいちばん集中力が高まり、仕事を早く片づけられる時間を「頑張るタイム」と呼んでいます（ネーミングすることで、より強い意識を持ってその時間帯を軸に仕事を組み立てやすくなるので、オススメです）。

「集中力が上がる時間帯」を起点に時間を配分するには、まず自分にとっていちばん集中力が高い時間帯はどこかを知ることが必要です。

1日を5分割して、それぞれの時間帯の使い方を振り返ってみましょう。

まず起きている時間を3〜4時間単位で分解し、スケジュール帳を見ながら、どの時間帯にどのような業務をやっているか、それぞれ集中して業務に取り組めているか、スピードが上がらない時間帯はどこかなど、仕事のスピード感を確認しましょう。

集中力を発揮して効率よく仕事ができている時間が見つかったら、それは「頑張るタイム」です。その時間帯に「難しい仕事」や「もっとも重要な仕事」を割り振りましょう。ほかの時間帯で取り組むより、圧倒的に仕事がスムーズに片づきます。

反対に「頑張るタイム」に経費精算や議事録の作成、その他ルーチンワークを割り当てるのは、とてももったいないことです。せっかくのあなたの能力が発揮されないからです。

たとえば私自身は夕方17~20時頃が「頑張るタイム」なので、それ以外は次ページの図のように仕事を割り振っています。

朝イチで仕事に必要な情報収集や段取りを行い、その後、提案書のたたき台をつくるなどといった考える仕事を軽めに行います。

昼の眠くなる時間帯は、商談やクライアント向けの講義など、眠れない予定を入れます。夕方以降は頭が冴えるので、企画書や提案書の作成など考える仕事にあてます。

もちろん仕事の状況次第では、崩れてしまうこともあります。そんな時はいったん立ち止まり、再度、頑張るタイムを軸に仕事の割り振りを行います。

どの時間帯にどの仕事を割り振ればよいのか、力の入れどころを考えるのです。

自分の集中力のパターンを知りましょう。

時間帯別に仕事を割り振る

1日を時間帯別に5分割し、それぞれ仕事の種類に応じて
どの時間帯に行うことがもっとも集中力や効率が上がるのか
整理する。

著者の場合

インプット	9時まで
頭脳系アウトプット	12時まで
手足系アウトプット	17時まで
頭脳系アウトプット	20時まで
頭の解放	0時まで

いちばん集中力が高まる時間帯に
「最も重要な仕事」や「難しい仕事」を割り振ることで
スピードアップする。

4

水曜日と金曜日は他人との予定を入れない

◎ 仕事が立て込んでいるときほど予備時間が必要

「スケジュールを組むとき『予備時間の確保』をしていますか？」

講演や研修で受講者の方たちに尋ねると、2〜3割は手が上がるものの、「え？ただでさえ忙しいのに、そんな『予備時間』を確保するなんてムリですけど」と怪訝な顔をされることが少なくありません。

たしかに、1分1秒が惜しいときに「予備時間」なんて余裕はないでしょう。「予備時間」というと息抜きのように思うかもしれませんが、実際は、仕事の遅れを取り戻すためのリカバリーのための時間です。

仕事が立て込んだとき、いちばん怖いのがスケジュールの〝ドミノ倒し現象〟です。何かしらの理由で1つの予定が乱れると、次に予定していた仕事に取り掛かるのが遅れるなど、すべてのスケジュールにしわ寄せがいき、様々な仕事に影響を及ぼしたあげく遅延を起こしてしまいます。

コンサルタントになって駆け出しの頃、仕事が増えることがうれしくて、私はスケジュールをすし詰め状態に入れていました。

ところが、顧客から依頼された企画書作成で大きくつまずき、1時間程度で終わるつもりでいた予定が2日かけても1ページしか完成しない、という事態に陥ってしまいました。

ほかの予定もすべて先延ばしにし、仮病を使ってまで顧客に予定の変更をお願いしたのに、なかなか終わりません。変更、延期を繰り返していくうちに、一人の顧客が怒り出し、次のようなことを言われました。

「自分の能力を過信しているからだ。1つ問題が発生すれば段取りが全部狂う。

予備の時間もとらずにやっているから、人に迷惑をかけるんだ」

返す言葉がありませんでした。

仕事は必ずしも思ったようには進行しないものです。

「これぐらい時間を予定しておけば十分だろう」と考えても、予想以上に時間がかかってしまうこともあり得ます。

だからこそ、あらかじめ軌道修正を図れるよう「予備時間」を入れておく必要があるのです。

◎予備時間は週に2回が理想

「予備時間」は水曜日と金曜日に設定しましょう。

これはそう、決めてしまいます（1分もいりません）。

すでに「予備時間」を取り入れている方たちに、何曜日に設定しているかを聞いてみると、8割ほどが金曜日に設定し、1週間の調整を図っているという答えでした。

これも決して間違いではありませんが、金曜日だけだと1週間（平日勤務の5日分）

予備時間がある場合とない場合

予備時間をまったくとらない状態で週末を迎えると
遅延していた仕事を翌週まで持ち越すことになる。
雪だるま式で遅延仕事が膨れ上がりトラブルのリスクが生じる。

たとえば予備時間をあらかじめ週２回とっておくことで、
遅延時のリカバリーが可能になり予定どおりに仕事が片づく。

すべての遅れを取り戻し軌道修正することになります。5日分のズレを直すとなると、かなり負荷がかかってしまい、時間も相当とられます。

週の真ん中である水曜日と金曜日に設定しておくと、ズレが生じて2日目で調整を図ることができるため、かかる負担も時間も少なく済みますし、軌道修正が早くできる分、成果が出るのも早くなります。

たとえば、水曜日の午前と金曜日の午後に90分間などと、あらかじめ決めておくことが理想的です。

仕事をスムーズに進めるには、自分の能力を過信して予定を詰め込みすぎず、不測の事態に備え、予備時間を毎週入れ込むことです。

週初めに、予定を詰め込みすぎていないか確認し、適したタイミングで予備時間を確保しましょう。

予備時間も立派な予定です。他人とのアポイントメントと同じく、キャンセルしたり、後回ししたりしてはいけません。

そして、予備時間を設けた日は、仕事を始める前に1分、進行している仕事の状態確認をしたうえで、予備時間に何をするかを考え、決めてしまいましょう。そうすることで、ムダなく予備時間を活用することができます。

常に不測の事態に備えてリスクヘッジすることも、仕事を早く片づけるうえで欠かせません。

5

タスクごとに予備時間をつくる

◎見積もり時間が多いほど、仕事の成果は高まる

あなたは仕事にかかる時間をどのように見積もっているでしょうか。

〝なんとなく〟経験に基づいた感覚で見積もっているのではないでしょうか。

この〝なんとなく〟というスタンスは、仕事の大敵です。しっかり計画を立てていても、仕事には思ってもいないトラブルやズレが生じるものです。〝なんとなく〟で計画していたら、なおさらでしょう。

どんなタスク（仕事）であっても、それぞれの仕事にかかる時間の見積もりを立てることで、スケジュールのズレを最低限に収めることができます。

仕事時間の見積もりは、2つのステップで行います。

1 仕事を因数分解して計画を立てる

60ページでお話ししたとおり、仕事は、大きな単位で行うのではなく、行動単位に小さく分解して不安と面倒くささを消すことでスムーズに進めやすくなるのと同様に、小分けにすることで時間の見積もりも立てやすくなります。

「提案書をつくる」という仕事を「構成に1時間、資料の収集に1日、戦略などの立案に半日、文字入力と修正に半日」などと計画を立てることで、自身の行動も具現化でき、スケジュールが明確になり、それを達成するための行動ができます。

2 予備時間を加えて見積もりを行う

最低限の時間で作業を行う計画を立ててしまうと、ちょっとトラブルが起きただけでスケジュールが押してほかの仕事に影響したり、「やっぱり、こうしたほうがよいかも」といった新しい発想ができても時間が足りないから断念せざるを得ないなんてことも起こります。

そんなことが起きないように、因数分解をしたうえできちんと計画を立て、予備時間を組み込んで時間の見積もりを行います。

時間の見積もりは、想定した時間の1・5倍を目安にしましょう。

1時間かかると想定したのなら、1・5倍の90分で見積もります。つまり、30分の予備時間を設定するというわけです。これで、最終スケジュールを決定します。

スケジュールを立てる際の時間の見積もりは、これまでの〝なんとなく〟の大雑把な感覚から1歩進め、「因数分解＋予備時間」のスタンスに切り替えてください。

時間の見積もりに予備を入れる

時間の見積もりは想定の1．5倍を目安とし、
遅延の可能性を考慮して予備時間を入れておく。

提案書をつくる（９０分）
- 構成の検討………………（５分）
- データや資料の収集…（２０分）
- 提案内容の立案………（１５分）
- 文字入力と修正………（２０分）
- **予備…………………（３０分）**

**予備時間の分早くできたと思ってもらえて
好評価もゲット！**

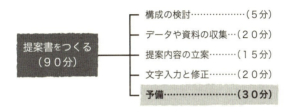

6

自分と向き合う時間を多く持つ

目先の計画にしばられすぎない

計画をしっかり、予備時間も含めて立てると、その計画を全うすることばかりに気持ちがいってしまい、長期的なことが手つかずになってしまうことがあります。

目の前の仕事に集中力が増すことで、短期的な仕事しか視界に入ってこなくなるのです。

仕事には、短期的な仕事と長期的な仕事があります。

また、スキルアップのための学習やキャリアビジョンを考える時間、健康のために運動をするなど、仕事以外の時間も長期的に見れば仕事のために必要です。

4種類の時間

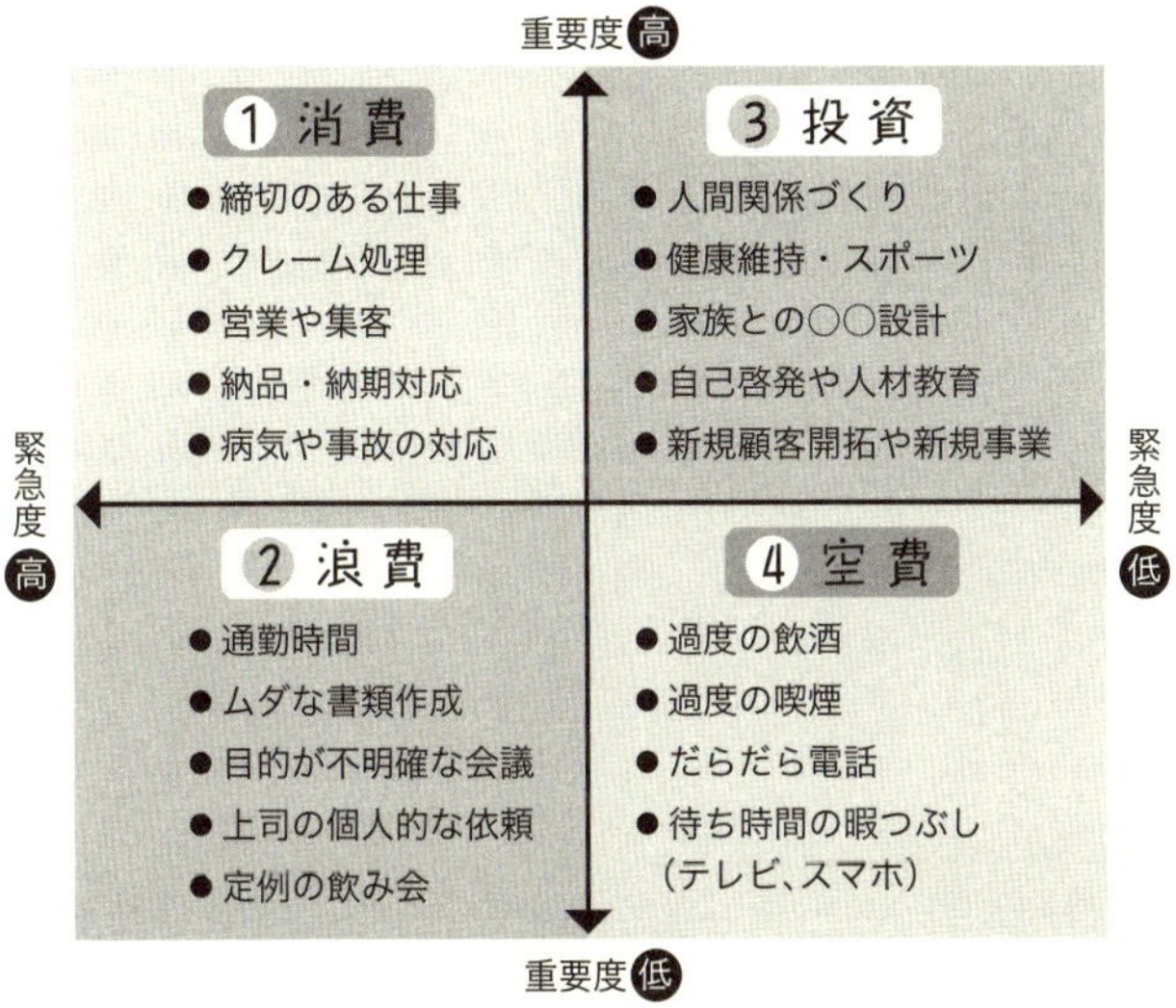

1 「緊急かつ重要な時間」・・・・・・・・・・・・・・**時間の「消費」**
(目先の期限がある仕事など)

2 「緊急だけど重要ではない時間」・・・・・・・・・**時間の「浪費」**
(目的が不明確な会議・書類作成など)

3 「緊急ではないが重要な時間」・・・・・・・・・・**時間の「投資」**
(人材教育や新規顧客の開拓など)

4 「緊急でも重要でもない時間」・・・・・・・・・・**時間の「空費」**
(SNSやダラダラ電話など)

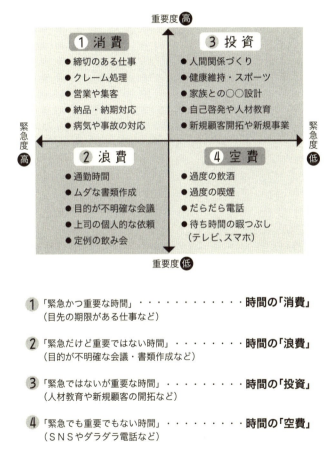

目の前の仕事を片づけているだけでは、年月がたてば歳だけくっていたという事態になります。

時間は、１２１ページのとおり４つに分けられます。

①「緊急かつ重要な時間」はやらざるを得ない仕事ばかりだが、消費されていくだけの時間

②「緊急だけど重要ではない時間」は、できれば避けたいが、コントロールが容易ではなく浪費される時間

③「緊急ではないが重要な時間」は、今すぐやらなくても支障はないが、自分や仕事の将来のために手を打っておきたい貴重な投資の時間

④「緊急でも重要でもない時間」は真っ先に削減すべき空費している時間

仕事が忙しくなってくると、①②④、とくに①や②に時間をかけすぎてしまいがちです。これでは、目の前の仕事が早く片づけられるようになっても、与えられた仕事

をこなすだけでは能力は伸びにくく、独自性を築くことは難しくなります。

ビジネス英会話の習得、教養を身につけるための読書会への参加、長く働き続けるために体力をつけるトレーニング、部下の教育など、自分の将来を考え、しておくべきことにも着手しておきたいものです。

じっくりと考え、腰を据えて、長期的な取組みも行うことが、あなたの将来を決めるのです。

「考える時間」を事前に確保

最近、「じっくりと考えたいのに、考えるゆとりが持てない」といった相談や質問を受けることが増えてきました。

自分のことについて「考える」ための時間もスケジュールに入れておくことが肝心です。

私はこの時間を「じぶん（自分）会議」と呼び、定期的にスケジュールに入れ込んでいます。

じぶん会議では、「自分」や「長期」にフォーカスします。人生や仕事など自分にとって大切なことを長期的な視点でじっくりと考え、整理し、長期的な取組みに対して新たな決断がくだしやすくなります。


マイクロソフトの創業者であるビル・ゲイツは、毎年1週間「考える週」を確保してじっくりものを考える習慣を持っています。

若い頃からの習慣で、どんなに忙しくても、1週間仕事を離れ、一人きりで自分の目標や夢について思いを馳せるのだそうです。

マイクロソフト社で生まれた新規事業は、この期間中に生まれたアイデアをベースにしたといいますから、いかにこの思考時間がパワーを持つかがわかるでしょう。

忙しい中でも、ほんの1分間、自分の時間を整理することは、単に日々のスケジュールを整理することにとどまりません。

あなたの能力を最大限に引き出し、主導権をもってキャリアや人生を構築していくことにつながるのです。

第4章

ムダなく効率的に仕事が図る「コミュニケーション」の整理術

1

会話は「1つのルーチン」と「3つのルール」で行う

◎ 話が長い人は会社に損失を与えている

1分で伝わる内容を10分かけて話す人がいたとしましょう。

この時、話を聞いている人には、9分間の時間のムダが生じます。もし、1日10回、1回につき10分この人の話を聞かないといけないとしたら、90分のムダが生じるということです。

つまり、会話のムダは時間のムダであり、自分だけでなく相手の仕事のスピードも落としてしまうというわけです。

仕事中の会話は、簡潔に、必要最低限の時間で話すことで、お互いのパフォーマン

スを尊重することにつながります。

必要最低限の時間で伝えるべきことを伝えるには、ムダを省くことです。

会話のムダを省くには、「1つのルーチン」と「3つのルール」が効果的です。

◎話し始める前に1分考える

「1つのルーチン」とは、いきなり話し始めるのではなく、必ず「頭を整理」してから話し始めることです。

商談や会議でのプレゼンなどは、事前に何を話すか、伝えるべきことは何かなどを考えてまとめていると思いますが、通常時の会話も話す前に1分間、「伝えるポイントは何だったのか」をあらためて確認してから話し出します。

整理のコツとしてオススメなのは、「箇条書き」の発想でポイントを確認することです。思いついたことをそのまま口から出すと、〝あれもこれも〟話さなければいけないと詰め込みすぎでポイントが不明確になってしまいます。また、上手に言葉で表現できたとしても、脈絡がない状態だとやはり伝わりづらくなります。

そこで、はじめから頭の中で話す内容を文章で浮かべるのではなく、箇条書きのイメージを思い浮かべます。

箇条書きとは、話題を1つの「項目（ポイント）」として書き並べることです。頭の中に話し言葉を文章で思い浮かべることに比べて、項目だけを思い浮かべたほうが全体像は整理されて見通しやすくなります。

話す内容が多いときは3つ程度にポイントを整理するとよいでしょう。

認知心理学によると人間は一度に楽に覚えられる内容は3つまでとされています。自分自身の整理も聴き手側からしても、内容を3つ程度にすることで話を伝えやすくなります。

◎頭を整理して、短く、シンプル、ストレートに話す

「3つのルール」とは、会話は「①短く、②シンプル、③ストレート」というルール

でムダを省いていくことです。

私はそれを「①Short ②Simple ③Straight」と英語の頭文字をとって「3S」と呼んでいます。

この3つのルールを守るだけで、「速く、伝わりやすく」話ができるようになります。それぞれについて、次項以降でお話ししていきます。

ちなみに、3Sの反対で「①長く、②複雑で、③周りくどい」は、会話を長引かせる要因です。セルフチェックすることで、どんどん会話のムダが減っていきます。

会話はどう伝えるかの前に「どう整理するか」の視点を持つこと。

これにより、大切なことがムダなく効果的に伝わるようになります。

2

本当に伝えたいことだけをツイッター風に短くまとめる

短い言葉は効果的に伝わる

会話ルール〝3S〟の1番目「Short（短く）」についてお話しします。

人は、他人に対してそんなに興味がありません。話が長くなればなるほど、興味が薄れてしまい、集中力もなくなります。

相手に伝えたいことがあるなら、話のポイントが何で、相手（聴き手）にとってどんな関係があるのかがわかるように、短く、コンパクトに伝えることが何より大切です。

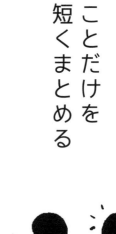

短いほど理解度は深まり、言葉に重みが出てくるからです。

たくさん話すだけでは、聴き手もどこが大事なポイントか見極めにくいため、短くすることで、1つ1つの言葉の印象を強くし、記憶にも定着しやすくしていきます。

- 無意味に言葉数が多い ↓ 伝わり方が弱まる、理解に時間がかかる
- 整理されて言葉数が少ない ↓ 伝わり方が強まる、すぐに理解&記憶できる

いつも、話がてんこ盛りになってしまう、言いたいことを伝えきりたくてついつい話が長くなってしまう。そんな状態から抜け出すには、話し出す前に、1分でもいいので話せる時間に応じて伝える量を整理する（長さを調整する）ことです。

伝えたいことすべてを伝えるのか、全体の概略だけを伝えるのか、いちばん大切なポイントだけを伝えるのか。

どの相手のどんな状況でも同じような伝え方では、言葉数だけが多くて相手に伝わっていないということになります。

ルール1 Twitterの文字数（140文字以下）でまとめる

伝えたいことをすべて伝える場合でも、話が長くなりすぎないようにします。目安

としてはツイッターに書き込むレベルの言葉量をイメージしてください。

140文字は短すぎず長すぎない文字数で、ハガキに書かれる文字数の平均量と同等程度と言われています。

読んだ本や新聞記事の内容を〝ざっくりと〟整理してTwitterにアップするのも練習としてオススメです。

ルール2　〝要するに〟をつけて30文字を目安に縮める

時間がない場合や難しい内容の場合は、概要だけを30文字以内で話せるように整理します。

また、全体のイメージをスピーディーに理解してもらうために、はじめに〝要するに〟という言葉をつけましょう。〝要するに〟とは「要約すると」という意味で、伝えたい内容のポイント（要点）を短く表現することです。

ルール3　冒頭に〝ひと言で言うと〟をつけてひと言（ワンフレーズ）に縮める

いちばん大切なポイントを強調したい時はワンフレーズで話します。ワンフレーズは、ルール2のときのさらに半分、15文字前後を目安にイメージしてください。

相手の記憶に定着させるには、短ければ短いほど効果的です。伝えたい内容が瞬時に伝わるうえに、インパクトがあるからです。

言葉を短くすることによって「情報が足りないのではないか」と不安になるかもしれません。

ですが、先ほどもお話ししたように、

大切なのは、相手に「大事なことが伝わること」です。

たとえば、ヤフーニュースのヘッドラインは13文字だけです。13文字を読むだけで瞬時に多くのことを理解し、記憶に残りますよね。

言葉数が少なくても十分伝わる証拠です。

話を短くし、状況によって長さを調整することは、自分の仕事が早く片づくだけではなく、相手の時間を奪うことも防ぐため、あなた自身の評価も高まることでしょう。

会話は中身が大切なことは言うまでもないでしょう。

ですが、中身だけではなく「短さ（時間の短縮）」にもこだわってほしいのです。

これまで話してきたとおり、短く話すことは相手に対して伝わりやすくなります。

かといって、あなただけが相手に伝えやすくなるというメリットを受け取れるだけではありません。

相手にとっても、理解しやすく、ムダな会話を聞かなくてもいいという時間短縮の効果があり、一石二鳥となります。

コミュニケーションは相手の立場に立ってなすべきである。

そんなことがよく語られますが、これは伝えやすさの点だけではなく、時間の短縮の意味でも、相手視点はやはり大切なことなのです。

話を短くする3ステップ

STEP 1 140文字以内

私は、クライアントが抱える複雑で複数の課題を交通整理し、頭の中のモヤモヤをスッキリさせることが強みです。方法は、池上彰さんのように難しいことをわかりやすく整理して説明する技術を使います。これにより、クライアントの課題を紐解き、明日からの行動の第一歩を身軽なものにします！
（約135文字）

STEP 2 30文字以内

わかりやすい説明で頭の中を整理します。
（約20文字）

STEP 3 ひと言化（15文字前後）

「思考の整理家」
（ワンフレーズ）

3

「PREP」の法則でシンプルに話す

口下手でも口説き上手になれる

会話ルール〝3S〟の2番目は「②Simple（シンプル）」です。

会話におけるシンプルさとは「わかりやすさ」のことを意味します。

口下手なのに話がわかりやすい人っていますよね。

以前、年収数千万円のトップ営業マンとお会いする機会がありました。

多額のコミッションを稼ぐ人は、どれくらい雄弁に話すのだろうと期待して向かったのですが、びっくりしました。決して流暢《りゅうちょう》でもなく、自信満々でもなく、朴訥《ぼくとつ》とされていたのです。

ところが、話を聞いていくうちに私の心は動かされました。はじめは口数が少ないので大丈夫かな？　と思っていたのですが、自分のニーズに対してピンポイントにマッチする内容が説得力あるシナリオで話されたのです。話を聞き終えると、つい契約書にハンコを押しそうな気持ちになっていました。

どうして、口下手なのに彼の話は伝わり、心をつかまれるのか。

疑問に思った私は彼に質問しました。すると彼は、いつも同じパターンで話すようにしていると教えてくれました。営業トークも、講習会のような人前で話すときも、プライベートであっても、必ずそのパターンで話を組み立てているというのです。

それが「ＰＲＥＰ」の法則です。

型にはめるだけでいい

「ＰＲＥＰ」の法則は、「①Point（結論、要点）、②Reason（理由）、③Example（事例）、④Point（再度ダメ押し結論）」の４つの骨組みで考えます。

PREPの法則に当てはめて伝えたい情報を流し込むだけで、わかりやすいシナリオが自動的に完成します。

順に見ていきましょう。

① Point（結論、要点）

最初に結論を話します。

仕事では結論（もっとも伝えたいいちばん大切なメッセージ）が何より重要です。学生時代、上手な話の組み立て方として「起承転結（話を起こし、それを受けて変化を与えて発展させた後、結論を最後に持ってくる）」を学んだことでしょう。ですが、時間に追われるビジネスシーンでの会話で結論が最後だと、いったい何の話をしているのかがわからないまま時間が過ぎてしまうことになります。

お互いが何の話をするかを共有するためにも、最初に結論を持ってくる必要があるのです。

PREPの構成でシンプルに整理

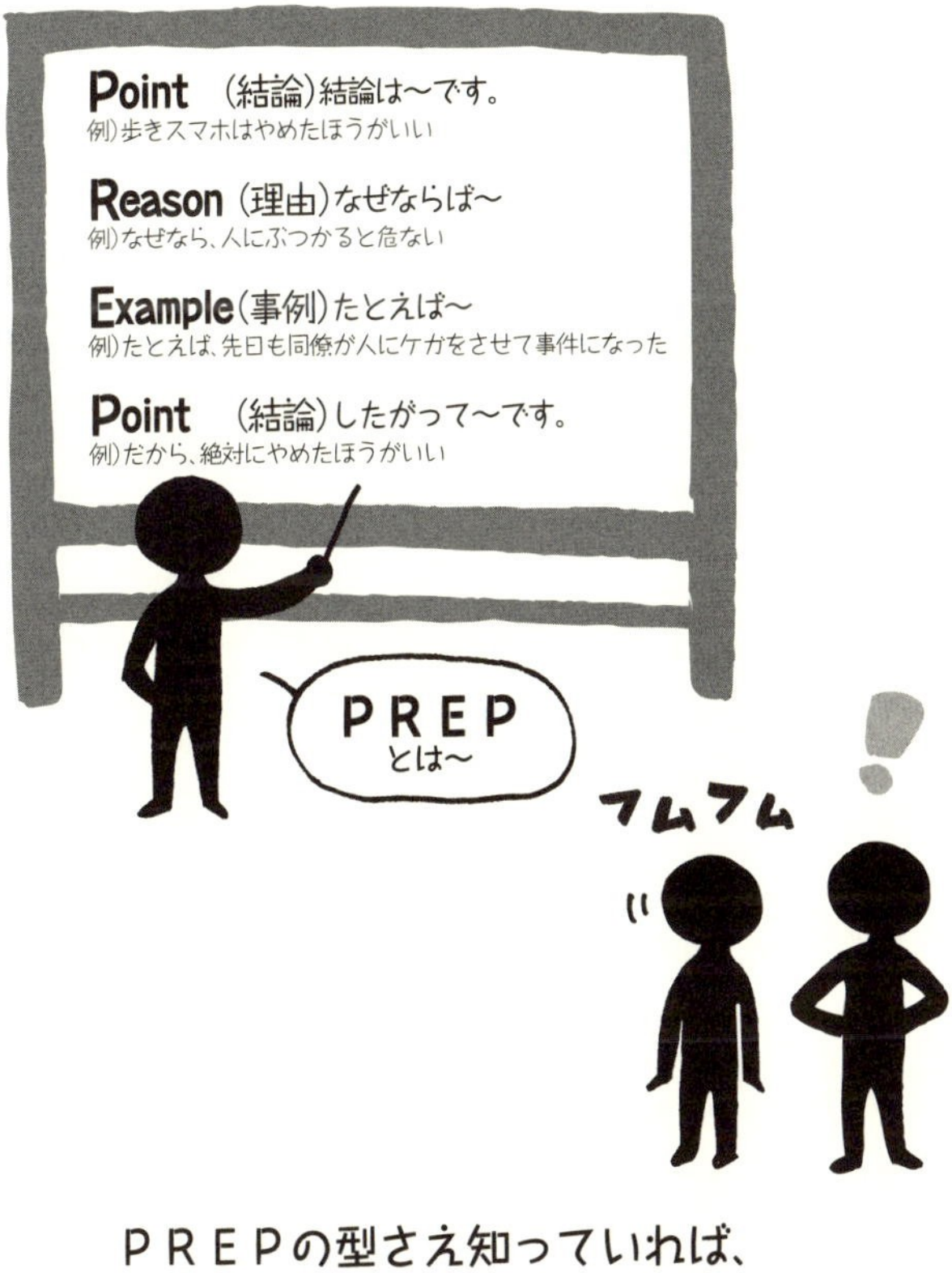

PREPの型さえ知っていれば、
相手にスピーディーに伝えたいことを伝えることができるため、時短にもなる。

② Reason（理由）

結論の次に、その結論に至った理由を伝えます。

なぜそう言えるのか、その理由がないと説得力に欠けるからです。

「理由」には、わかりやすい客観性と合理性が必要です。そうでなければ、単に個人の意見になってしまうからです。

客観性と合理性は、第三者の推薦、過去の実績数値、公的機関のデータ、社内で承認済みの資料など、事実や数字に基づいた根拠（evidence）を使いましょう。

③ Example（事例）

続いて事例を紹介します。事例を聞くことで、人は自分ごととしてイメージしたり、リアリティを持って聞くことができるからです。

たとえば、「歩きながらスマホを操作するのはやめたほうがいいよ（結論）。だって、人とぶつかって危ないでしょ？（理由）」と言われるよりも、

「歩きながらスマホを操作するのはやめたほうがいいよ（結論）。だって、人とぶつかって危ないでしょ？（理由）　たとえばこの間、うちの部署の同僚が〝歩きスマホ〟し

ていたら駅で人にぶつかってしまってケガさせてしまって大変だったんだよ（事例）」と言われたほうが、より気をつけようと思うことでしょう。

④ Point（再度ダメ押し結論）

何より大事なのは結論です。

だからこそ、最後にもう一度、聴き手の頭が整理されるように結論をダメ押しして、記憶の定着を図りましょう。

ＰＲＥＰの型さえ知っておけば、相手にスピーディーに伝えることが可能になるため〝時短〟の武器にもなります。

話し方が上手になるまでには時間がかかります。ただし、どんなシナリオで伝えるのがいいのかは、型に当てはめるだけで、誰でも瞬時に整理ができます。

伝えたい内容をシンプルにするために、ＰＲＥＰの型を利用してみてください。

4

「行動につながる言葉」を使う

◎「一瞬でイメージできるかどうか」を常に考えながら話す

会話ルール〝3S〟の3番目は「③Straight（ストレート）」です。

「ストレート」に表現するとは、相手がじっくりと考え込まなくても、瞬時にイメージができるように表現することです。

とくに人に行動を促す際（依頼ごとや指示など）や、自分の動きを説明する際（計画の説明）など、「行動」に関わる場合は「してほしいこと」をストレートに表現します。

「言わんとすることはわかるけれど、どういう行動をとればよいのかイメージが浮かばない」と悩ませるような伝え方では、実際に相手が動き出すまでに時間がかかってしまうからです。

日本語には〝前向きだけど実は仕事が進まない言葉（行動のスピードが上がらない言葉）〟というものが存在します（145ページ）。

前向きな言葉ではあるものの、行動につながらない言葉は要注意です。やり遂げた気持ちになっていても、実際何も行動できていなければ、何も変わりません。

相手が次の行動につなげられる言葉でなければ、結果につながらないのです。

ストレートに表現する3つのコツ

ストレートに表現するには、3つのコツがあります。

1 行動の第一歩目がイメージできるレベルの言葉を使う

話を聞いた相手が瞬間に、「この人はこう動くんだな」「自分はこう動けばいいんだな」と頭の中であれこれ考えなくてもいいような、具体的な表現にします。

2　5W1Hで表現を置き換える

5W1Hとは、「いつ（When）、どこで（Where）、誰が（Who）、何を（What）、なぜ（Why）、どのように（How）」の視点で伝えたい情報を整理して具体化します。

予算が関わる仕事の場合は、「いくらで（How much）」を入れて「5W2H」としましょう。

3　数字で表現する

数字を用いると、よりストレートに、そして具体的に相手に伝えることが可能です。

「今週は営業を強化しよう」という言葉よりも、「今週は営業訪問を先週の10社から30社に増やそう」としたほうが、「いつまでに何をどこまで行うのか」が相手に誤解なく伝わり、行動にムダが生じなくなります。

仕事が早く片づく会話術とは、単に意味が伝わるだけではなく相手の視点で瞬時にイメージがわくレベルに表現を置き換えることです。じっくりと考えないと理解がしにくいとなれば、結局、行動にも時間がかかってしまうのです。

行動のスピードが上がらない言葉

「行動が見えない動詞」は言い換えること

- **検討する** ⇒ 1週間以内に可否判断をし、上司に報告する
- **共有する** ⇒ 議事録をまとめ、17時までにメール配信する
- **浸透させる** ⇒ 文章にして毎日朝礼で話し、掲示板に貼りだす
- **実行する** ⇒ 3人グループで10月1日から2週間30社訪問する
- **徹底する** ⇒ 指針をつくり、毎日就業前に確認。未達箇所は公表し、24時間以内に改善案をつくり個別に指導する

5

会議ははじめの１分で勝負する

◎会議のよしあしは生産性で決まる

仕事に欠かせないものとして会議やミーティングがあります。

複数の人間が関わるため、自分でコントロールすることが難しく、スムーズに進まない会議にムダな時間をとられ歯がゆい思いをしたことのある人も多いでしょう。

リーダーや進行役でない限り、どうすることもできないと、会議に関してはあきらめている、という話もよく耳にします。

たしかに、会議の席上で何かすることは難しいでしょう。

ですが、ちょっとした事前準備をするだけで、会議における時間のムダをなくし生

産性を高めることができます。それは、会議用の「TO DOリスト」をつくることです

会議こそ、「TO DOリスト」が必要なのです。

複数の議題がある場合は、各議題にかける時間、発言者などを整理し、効率的に進めるための段取りをして、進行役やリーダーに相談、提案するのです。

会議を非生産的に進めたいという人はいませんから、進行役やリーダーが話を聞いてくれる可能性は高いはずです。

提案を受け入れてくれたら、会議の最初の1分で、本日の予定として参加者に知らせ、意識の共有を図りましょう。

後は、「会議TO DOリスト」に沿って進め、ズレが生じたらすぐに調整を図っていくだけで、会議の生産性が上がり、ムダがそがれていくはずです。

「会議TO DOリスト」は効率がすべて

「会議TO DOリスト」は、2つのSTEPで活用してください。

STEP1 処理しやすい議題を優先してつくる

「会議TO DOリスト」には、会議の進め方、すべきことなどをまとめます。

まず、この会議では、どんな議題を取り上げるか、誰が発表するかを書き出し、続いて、それぞれどれくらい議論にかかるか、緊急度はどれくらいかをまとめます。

続いて、どの順番で取りかかるべきかを決め、リストにまとめ直します。

効率的に進めるには、トラブル対応策の検討など緊急度が突出して高いものを除き、軽めの議題を先に終わらせるのが基本です。はじめから重めの議題を議論すると話がこう着状態に陥ったり、長引いた結果、他の議論が何ひとつなされないリスクがあるからです。

ちなみに軽めの議題とは、報告だけのものや事前に根回しが終わっていて確認だけのようなもの、重めの議題とは、営業戦略の立案や働き方改革の施策など、すぐに結論が出しにくいものです。

段取りが決まったら、進行役やリーダーに報告、相談し、OKをもらいましょう。

STEP2 「会議TO DOリスト」は板書すること

議長やリーダーに承認をもらった「会議TO DOリスト」は、会議室のホワイトボードなどに板書しましょう。ホワイトボードがない場合は、A3の用紙やコピーを仕損じた裏紙を代用しましょう。

板書する目的は、皆が見えるようにすることで、会議の流れを明確にし、発言者に時間を意識してもらうためです。アラームを鳴らすと、より効果的です（時間オーバーの抑止効果）。

また、会議の冒頭1分間で、段取りを参加者皆に説明します。会議の流れを共有しておくことで、発表者にも時間制限があることを理解してもらうのです。

自分一人の仕事では「TO DOリスト」を整理していても、会議など複数人での仕事になると「なんとなく」で進めているという光景をよく見ます。ですが、一人でする仕事も複数人で取り組む会議などの仕事も同じです。はじめに整理しておくことで時間効率が高まるのです。

6

会議での意見はシートで引き出す

◎会議中の沈黙ほど時間のムダはない

会議やミーティングでよくあるのが、誰からも意見が出ず、ただ沈黙が続くという時間。ムダを感じたことはないでしょうか。

だからといって、いくら「発言がある人は手を挙げてください」と言われても、発言しにくい空気の時もあるでしょう。

会議に偉い人や声が大きい人が参加していると、つい気後れしてしまい、意見があっても発言できない人も少なくないようです。

意見を交換する場なのに、これでは時間のムダです。

スムーズに意見を引き出し、沈黙をなくすことにも、事前準備が効果を発揮します。「発言して！」と言われても発言しないのに、「紙に意見を書いて！」と言うと、書けるという人は少なくありません。

そこで、事前に紙に書き出して準備してから、会議にのぞむ方法をオススメします。自分が会議の進行役になった場合は、事前にシートをつくって数日前には配布し、書き込んだものを当日持参してもらうのです。

これにより、参加者が沈黙して時間がムダになるという事態を防げます。

このシートは提出を義務づけたり、氏名まで書かせる必要はありません。目的は発言しやすいよう事前にシートに書いて準備をすることと、誰が言ったかよりも、純粋にどんな意見を言ったかの中身だけで本質的な議論を行うためです。

また、自分が進行役ではない場合でも、一人でシートに記入して準備をしておくことをオススメします。事前にシートに記入して頭を整理しておくことで、意見が思いつかない時の沈黙を防ぐことができます。

事前に1分でもよいので、紙に書いて整理することでしっかりと自分なりの意見を持って会議に臨めます。

シートに記入して会議に参加しても、シートを読み上げるだけでは意見の発表会になってしまうだけで議論が活性化しないではないか、という懸念もあることでしょう。ですが、まずは沈黙というムダな時間を防ぐことが肝心です。そのため、はじめはシートの棒読みだけだったとしても、まずは口を開き意見を出すことに集中します。そうすることで議論のキッカケとなることがままあるからです。

会議は事前準備で大きく変わるのです。

アイデアは自由に出す

現実的な意見	(例)・残業時間の社員別ランキングを公開 ・会議の時間短縮
ちょい難しい意見	(例)・書類作成の全削減 ・人員補充
ぶっ飛んだ意見	(例)・週休3日をルール化 ・残業削減時間に応じてボーナスアップ

7

コミュニケーションはマイルールを決めて使いこなす

便利だからこその弊害がある

近年、メール、スマホ、SNSなどといったコミュニケーションツールが増え、無料WiFiなどネット環境も整い、いつでも、どこでもコミュニケーションがとれる、本当に便利な世の中となっています。

その一方で、時代の副作用が起きていることも事実です。

ツールの使いこなし方が多種多様になっていることで、情報共有、連絡の抜け漏れが出てきているのです。

以前、このようなことがありました。

長くお付き合いしている取引先の人とSNS（フェイスブック、LINE）でもつながっていた私は、仕事の話はメールで、ちょこちょこしたやりとりはフェイスブックでやりとりしていました。

ある時、アポイントの連絡を入れたところ、数日たっても返事が来ません。電話連絡を入れると、メールもフェイスブックも受け取っていないとのこと。確認してみたら、つながってはいるものの、お互いのやりとりには普段まったく使っていないLINEで連絡を入れてしまっていたことがわかりました。

他の人とはLINEでやりとりしていたため、ついうっかり使ってしまったのでした。

このようにツールが混在すると、確認の抜け漏れが起きてしまい、二度手間になったり、周りに迷惑をかけたりしてしまいます。

便利だからこそ、コミュニケーションのとり方についてマイルールを決めておくことが必要です。ルールさえ決めてしまえば、こうした混乱を避けることができます。

◎コミュニケーションツールをどう使い分けるか？

コミュニケーションは、「アナログ」と「デジタル」に分けることができます。

アナログとは、「会って直接伝える（会議・商談含む）」「電話する」「手紙を書く」「掲示板に貼り出す」「回覧板をつくる」など。

デジタルとは、「メール」「ＳＮＳ」「チャット」など。

もちろん、正解というものは存在しませんが、あなた自身の中でどう使い分けるかを決めて実践することで、「どれで連絡したかがわからない」「あの話は何でしましたか、記録が見つけられない」などといったことが起こらなくなります。

コミュニケーションのツールの使用ルールは、目的に応じて組み合わせる「目的起点」で考えることです。

その際、相手との関係性は考慮すべきでしょう。

たとえば取引先に、いきなりショートメールは失礼でしかありませんよね。また、同じ社内の人間に、記録に残さなくてもいい返事をする場合は、直接声をかけに行っ

コミュニケーションツールの使い分け

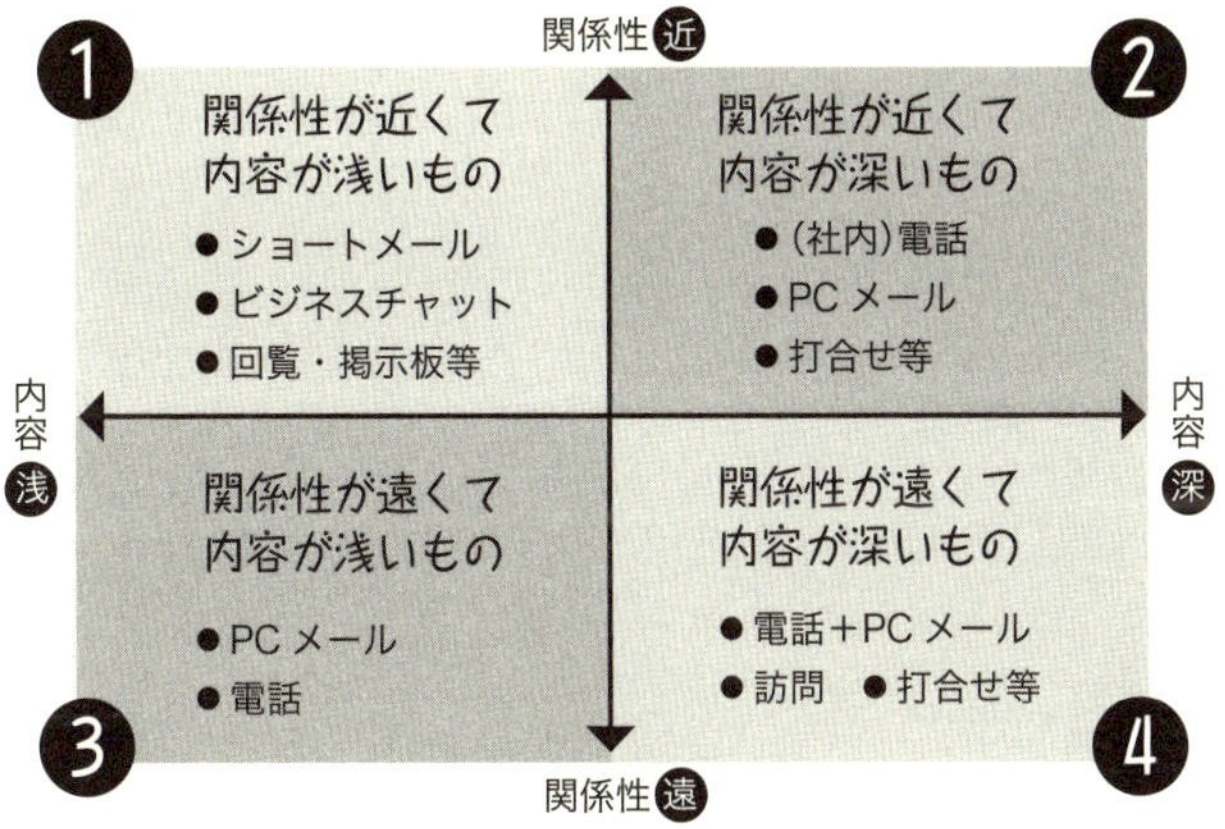

内容に応じて使い分け、相手との間で方法の取り決めをしておくと失礼なコミュニケーションにならなくてすむ。とくに❶の簡易的なメッセージは「相手の許可を事前にとること」「人間関係や取引関係が十分できていること」の２大条件を満たす必要がある。

たほうが自然でしょう。

私の場合、対外的なコミュニケーションがほとんどですが、整理すると以下のように使い分けをしています。
●時間の連絡だけの場合は「ショートメール」
●大切な業務連絡で記録をしたほうがいいものは「PCメール」
●提案書の内容確認などニュアンスを伝えるものは「電話」および「訪問」
●トラブル対応や重要な相手先の場合は「訪問」

どういう時にどういうコミュニケーションツールを活用するか、「型」を決めておくと、何か「こと」が起きた際、1分でどういった対応をすればいいかがわかるため、すぐに動くことができ、時間のムダもおさえられます。

さらに打ち合わせなどの前に、事前に1分間、整理する時間を確保し、前回のやりとりを確認することで、効率よく、話を始めることができますし、ミスも少なくなります。

ムダなく効率的に仕事をするためには、事前の1分が大きな役割を果たすのです。

第5章

すぐやる人の「行動」の整理術

1

目的と手段を徹底させている

◎「何のために」を見失っていないか

顧客への訪問回数をかなり増やしたけれども、一向に受注が増えない。せっかく30ページもの提案書をつくったのに、上司が読んでくれなかった――など。よかれと思ってとった行動が成果につながらないなんてことありませんか？

これは、目的と手段が明確になっていないからです。

目的と手段の定義は次のとおりです。

- **目的……最終的に達成したいこと、やりたいこと ↓ 何のために？**
- **手段……目的を達成するための方法 ↓ どのように？**

仕事には必ず「そもそも、この仕事は何のためにやるのか」という目的があります。

そもそもの目的を理解していないと行動がぶれてしまいます。

「今さら目的の大切さを説かれても、そんなことわかっているよ」と思うかもしれません。ですが、忙しくなればなるほど、その意識は希薄化してしまいがちです。

たとえば、「受注を増やすために、取引先への訪問回数を増やす」とします。このときの目的と手段は、次のとおりです。

- **目的……受注を増やすこと**
- **手段……訪問回数を増やすこと**

ところが、手段である「訪問回数を増やすこと」に一生懸命になるうちに、そのこと自体に一喜一憂するようになり、いつしかこれが目的になってしまうのです。

- **目的……訪問回数を増やすこと**
- **手段……たくさん電話する、どんどん声をかける　など**

この時、本来の目的は意識から消えてしまっています。そのため、成果がいつまでたっても出ないという状態に陥り、ずっと「忙しく」なってしまうのです。

怖いのは「手段の目的化」

仕事が早いうえに成果を出している人は、目的と手段を常に正しく見据えて行動しています。

目的をしっかり理解できているため、先ほどの事例にしても、訪問回数を増やしても成果が出なかったら、セミナーを企画したらどうかなど、本来の目的を達成するためにどうするかという視点で考えます（次ページの図のとおり）。そのため、成果に結びつくのが早いのです。

目的を常に見失わないためには、毎朝「TO DOリスト」に記すことです。

この仕事の目的は何か？　手段は何か？　を書き出した行動項目の横に目的と手段をメモしておきます。

毎朝、意識して確認することで、目的と手段のはき違えを未然に予防できるのです。

目的と手段のはき違えを防ぐ

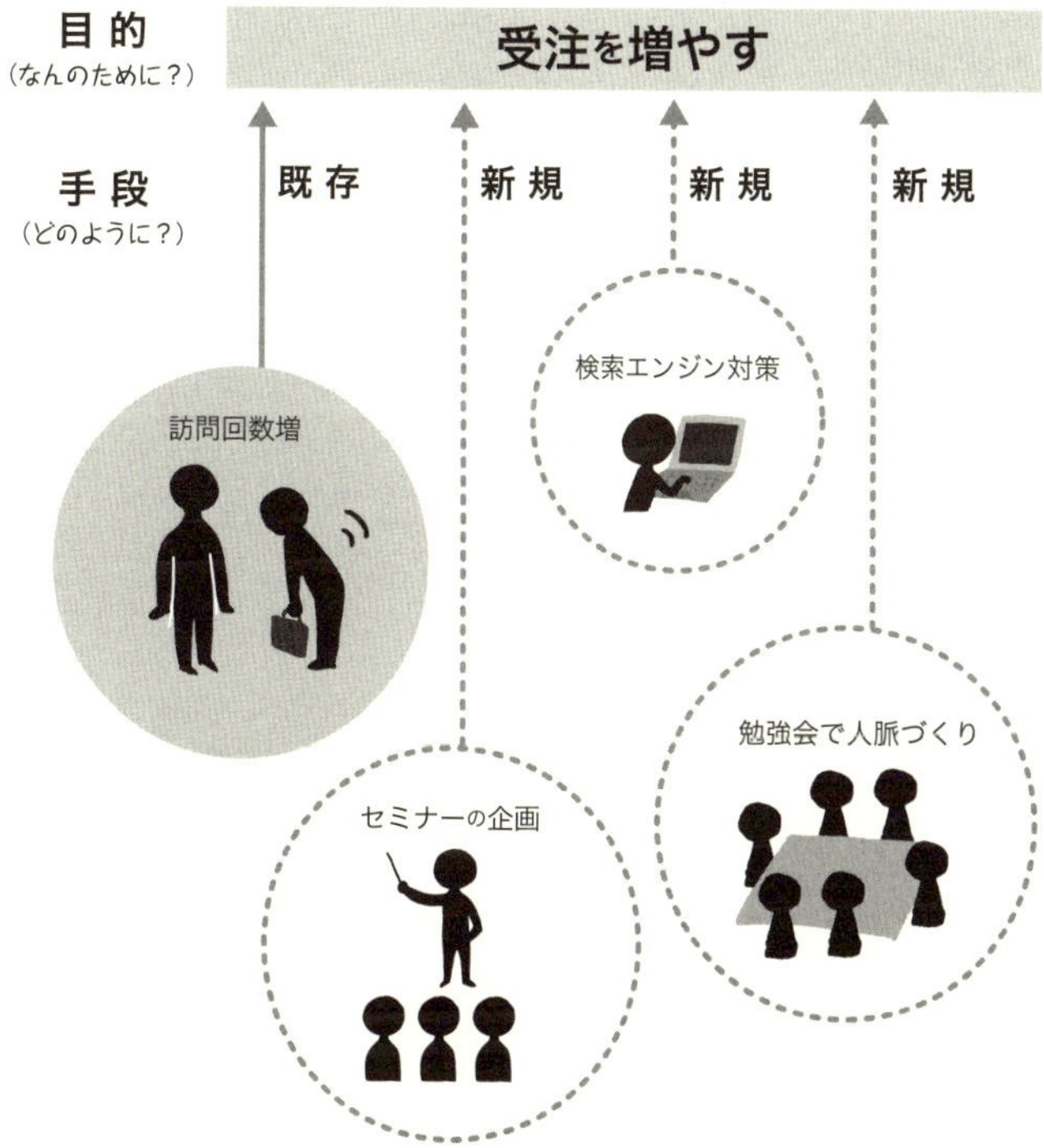

行動の目的が受注を増やすことであれば、「既存顧客への訪問回数」を増やすだけではなく、新規顧客の開拓など他の手段も考えることで目的達成の時間が短縮される。

2 行動目標はSMARTに立てる

◎ 目標は明確にして何をすべきか

頑張っているのに、仕事が早く片づかない人の特徴として、「目標」が漠然としていてイメージがちゃんとできていないというものがあります。

タクシーに乗って運転手に行き先を聞かれて「だいたいあちらのほう」と伝えても、どこにも連れて行ってくれないでしょう。「○町の○丁目の○ビルへお願いします」としっかりと伝える必要があります。

仕事も同じです。

目標がクリアになればなるほど、やるべきことが明確になり成果につながります。

「目的」と「目標」は違います。

目標は、目的を達成するためにより具体的な行動をとるべく目安、ひとまず目指すべき場所ともいえます。言い換えると、「どれくらい」頑張ればよいのかを明確にする必要があるということです。

ところが、目標は明確なほうがいいのはわかっていても、実際どのように明確にすればいいかがわからない、という質問をよく受けます。

仕事が早い人は、目標を明確にするために「SMARTの原則」を活用しています。「SMART」とは、目標設定に必要な5つの視点（具体性、数値、同意、現実性、期限の視点で目標を明確化）を示す言葉の頭文字です（167ページ図）。

それぞれお話ししていきましょう。

◎5つの視点で考える

目標をSMARTの5つの視点で1分間整理してみましょう。

1 S（Specific）具体的か？

目標は漠然としたものではなく、明確であればあるほど、目安としての役割を果たします。目標達成への意識を高めるには、具体性がやはり必要です。

2 M（Measurable）数字で語れているか？

具体性の核となるのは「数値化」です。①とセットで整理しておきましょう。

たとえばダイエットをする場合、目標が「夏までにやせる」だけでは具体性に欠けます。「3カ月で3キロ減らす」と数字で表現することが重要です。

手段においても「毎日ジョギングする」ではなく「毎日朝6時から、近所の公園のジョギングコースを3周する」のように表現すれば、毎日、いつどこで何をどれくらいやるべきかが明確になります。ここに先延ばしする余地はありません。

「SMART」とは?

「SMART」とは、目標設定に必要な5つの視点
(具体性、数値、同意、現実性、期限の視点で目標を明確化)
を示す言葉の頭文字。

S (Specific)………………… 具体的か?

M (Measurable)…………… 数字で語れているか?

A (Agreed upon)………… 相手、自分が同意できているか?

R (Realistic)……………… 現実性はあるか?

T (Timely)………………… 行動に期限が入っているか?

3 A（Agreed upon） 相手、自分が同意できているか？

自分以外の人も関わる仕事は、相手の同意が重要です。同意が得られない状態で仕事を進めても、相手のモチベーションは上がらず、どこかで仕事のスピードが落ちるリスクがあります。相手が〝腹落ち〟するかどうかが肝心というわけです。

また、他人の同意以上に大切なのが自分自身の同意（腹落ち感）です。「上司に言われた目標だから仕方なしに嫌々やる」「そんな高い目標はできないかもしれない」となってしまうと、いつまでも不満や不安を抱えたまま仕事を進めることになってしまいます。

そこで、「何のためにこの目標を目指すのか」といった目的を考えます。目標を目指す過程で新たなスキルを身につける、自分の強みに気づく、この目標を与えられただけで期待をされているのだからチャンスを活かすなどと、自分にとってメリットとなる目的を考えるのです。

4 R（Realistic）現実性はあるか？

目標は常に高く持つべきだとされていますが、現実離れしすぎる目標では「どうせムリかもしれない」と、あきらめてしまうリスクが生じます。

「年収500万円」の人が来年は「1億円」を目指すぞ！ と言っても現実味はありません。英会話能力が中学1年生レベルの人が来月にはネイティブ並みに英語をマスターするというのも、やはり現実味が伴いません。高すぎる目標を立てることで、その高さに打ちひしがれて自己嫌悪に陥る状態だけは避けたいものです。

5 T（Timely）行動に期限が入っているか？

目標には期限がつきものです。時間は無限にあるわけではなく、勤務時間や会社の指示、取引先からの依頼など制約条件の中で成果を出すことが求められます。

たとえば目標値として営業成績1000万円を達成するといっても、会社が1年以内にという要望の場合、3年かけて達成したのでは評価すらしてもらえません。

これはどんな業務でも同じです。

さらに「いつまでに」という期限の基準に加え、「何をどれくらい、いつまでに」

頑張るのかも明確に設定します。

たとえば「新規取引先を3社、２０××年10月30日の17時の報告会までに達成する」というように数値で表すことで、はじめて目標は明確になります。

自分で仕事のペースをコントロールできる場合でも、期限は設定しましょう。期限が設定されないと、人は、気が緩んでしまうからです。期限を明確にすると、〝締め切り〟に間に合わせようという心理になります。

お試し期間をフル活用する

「千里の道も一歩から」——老子
「小さいことを積み重ねることが、とんでもないところへ行くただ一つの道」——イチロー

これらは私が好きな言葉です。どれだけ高い目標も、結局は目の前の小さなことを積み重ねてはじめて到達するという考え方です。

逆に言えば、いくら気合いを入れて頑張ったところで、目の前のプロセスをすっ飛

ばして目標に到達することはできません。焦らずたゆまず目の前の小さなことを積み重ねていくことこそ、仕事が早く片づくコツでもあります。

小さな1歩といっても、それすらも失敗したらどうしようと思うかもしれませんね。そのときは、発想を転換しましょう。「いきなり本番スタート」というスタンスではなく、まずは「お試し期間」を設けてから始めるのです。「お試し期間」とは、どの方法がいちばんうまくいくのかを見極め、失敗を即座に軌道修正しやすくするための短い〝仮実行〟の期間のことです。

短い期間の取組みを重ねていくうちに、軌道修正を繰り返しながら失敗のリスクを下げていきます。リスクが下がれば、本格的に行動の第1歩を踏み出す怖さが減らせます。とくに難しい仕事や新たな仕事など不安が大きい取組みをする前には、1分間立ち止まり、「お試し期間」を設定してみてください。不安が大きいときには、「3日間だけ」「1時間だけ」などと、その期間をより短くします。

こうすることで、1時間だけなら失敗しても損失は小さいという心理が働き、行動の第1歩目が早く出るようになるのです。

3

一流の人のやり方をコピペする

◎やり方より結果にこだわる

行動のスピードが上がらない人の特徴として「自分のやり方にこだわりすぎる」というものがあります。

自分で創意工夫し、努力して身につけたスキル、それを用いて成果を出すことは素晴らしいことです。

しかし、仕事はあなた自身の心の充足感や達成感を得るためのに存在しているのではありません。

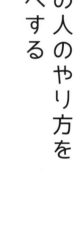

あくまでも最速で成果を出すのが仕事です。

そのため、最速で最適な手段を選ぶことが肝心です。ただし、その手段はいつも自分で編み出さなければいけないわけではありません。

また、最速で最適なつもりでもスピードが上がっていなければ、時には他人のやり方に目線を移すことも必要です。

私もかつては自分のやり方にこだわりすぎる人間でした。

しかし、頑張っても頑張っても成果が出ず、仕事のスピードも上がらず残業ばかりの日々。

万策尽きた私は、試行錯誤する時間をカットするために、仕事が早いことで社内では有名だった先輩のマネを徹底的にすることにしました。

- ゼロから提案書をつくるのではなく頻繁に使うパターンを書式としてつくっておく
- パソコンのショートカットキーのパターンを覚える

●単語登録や文例登録をしておき、一発変換で文字入力できるようにする
●売上が大きい上位2割の顧客を選別し、効率よく営業訪問する
●対応してくれる窓口の人ではなく、決裁権を握る人に事前に根回ししておく

「なぜ、こんなことをするのだろう」など、何も考えず、ただひたすらマネていました。それこそ歩く速度まで。

その結果、私は仕事が早いという評判がたち、大きなプロジェクトにも同期を差し置いて大抜擢されるようになりました。

自分のやり方ではなく、先輩のマネをしたからこそ手にすることができた評価です。複雑な気持ちにも少しだけなりましたが、それでも、ありがたいことでした。

◎自分のやり方を壊すことで成長が見える

日本での茶道、武道など「道」を究《きわ》める師弟関係のあり方の1つで「守・破・離」という考え方があります。

これは、道を究めたいのであれば、いったん自分のやり方をすべて捨てて師匠に言われた型を守ること。それが終わってから、自分の方法を研究し、これまでのやり方を破り、最終的に様々なものを身につけたうえでたどり着いた自分の型を仕上げることで、既存の型から自由になり、型から離れて自在になることができます。

〝仕事道〟においても「守破離」の精神は効果的です。

一流の人をじっと観察し、脳をコピーするような心意気で徹底してマネをするうちに、その人と同じ行動がとれるようになります。そのときには、格段に仕事が早く、効率的になっているはずです。

できる人の仕事術を完全に〝コピペ〟するには、まず相手の行動をじっくりと観察してください。

次に、「事務作業面」「顧客訪問」「人間関係づくり」他の業務やシーンなど、いくつかの「要素」に分解し、特徴を1分間メモに書き出します

「実現度が高く」「効果が大きいもの」から優先的に選択しマネしてください。

そして、できるものからどんどん実行していきましょう。

4 PDCAをやめて「CAPD」で動く

◎PDCAはあくまで基本

効率よく業務を行う仕事の進め方に「PDCA」という考え方があります。

「PLAN（計画）→DO（実行）→CHECK（振り返り）→ACTION（改善）」の4つのステップの順で仕事を回し続けていくことで、ムダなく、抜け漏れなく進めることができることから、仕事の基礎とも言われます。

たしかに「PDCA」を実行することで、仕事は着実に進めることができます。

ただし、より仕事のスピードアップを図るには、「PDCA」の順番を入れ替えるといいでしょう。

「CHECK(振り返り)→ACTION(改善)→PLAN(計画)→DO(実行)」(CAPD)の順で進めるのです。

まず、「CHECK(振り返り):現状はどうか?」を考えます。

続けて「ACTION(改善):何から改善していけばよいのか?」を整理します。

そのうえで、「PLAN(計画)」を考え、「DO(実行)」していきます。

現状を振り返り、そこにうまく新たなやり方を導入できるようチューニング作業が先に必要というわけです。

以前にも似たような計画でうまくいかなかった経験があれば、その原因を取り除かなければまた同じ失敗を繰り返す可能性があります。計画の障害になる要因があればスムーズに進行するうえでの足かせにもなります。これでは、せっかく立てた計画も絵に描いた餅の理想論で終わり、残念な結果になります。

現状を振り返り、今後の計画の障害要因を先に取り除くことが、早く仕事を片づけるコツとなります。

たとえば、Aさんの職場の近くに、いつも行列ができているラーメン屋があります。ランチの時間ともなると、さらに行列は膨らむ一方。Aさんも時間ができるたびに足を運ぶのですが、結局いつも食べることができず、なりゆきでその隣の定食屋で何度もランチをしています。むしろ、その定食屋さんに通っているといってもいいほどです。

〝とりあえず〟で並んで偶然入れるのを待っていては、まだしばらくはラーメン屋に入ることができないでしょう。はっきり言って時間のムダです。

Aさんが、行列に並ばざるを得ない要因（曜日、時間、天気など）を振り返って評価し（CHECK）、どの時間帯に狙って行けばよいかの行動パターンの改善案を考えてから（ACTION）店を、選び（PLAN）、実行（DO）していれば早いうちに悠々とラーメンを楽しめたことでしょう。

たかがラーメンであっても、振り返りの効果は高いのです。

仕事がはやい人は振り返りから始める

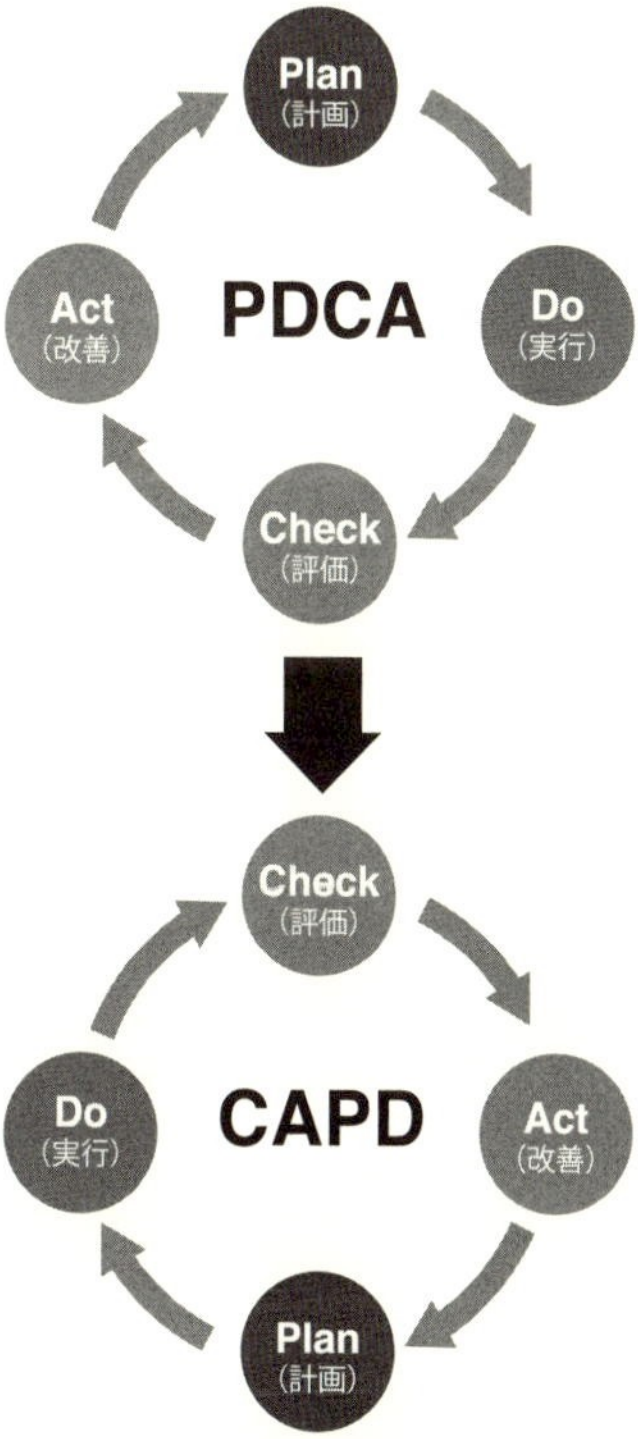

通常のＰＤＣＡサイクルと異なり、現状を振り返り仕事がはやく片づかない要因を取り除いてから計画、実行に入ったほうがスピードが上がる。ポイントは現状の行動を評価し改善することを先に行うこと。

たかが1分の振り返りが次の可能性を高める

以前勤めていた会社では、毎月1回、どの業務にどれくらいの時間をかけているのかを専用シートに記入して提出する、振り返りの制度がありました。

このシートに基づいて上司と面談し、どのようにすればもっと効率よく仕事ができるのかというフィードバックをもらうのです。

毎月振り返りをすることで、早いタイミングで軌道修正ができ、上司のアドバイスでスピードアップする方法を覚えることができ、すごく助かりました。

1人でも振り返りはできます。

振り返りは「①計測、②現状把握、③原因分析」の3段階で行います。

まず、概算でもいいので1週間、1カ月と期限を切り、どんな業務がどれくらいの時間を費やしているかをスケジュール帳を見ながらエクセルなどに記録しておきます。

次に、どの業務が想定より時間がかかっているかを把握します。

いつもスピードが上がらない業務があれば、「なぜスピードが上がらないのか？」障害になっている要因を考えます。

たとえば、顧客からのお問合せに想定以上に時間がかかっているとすれば、なぜなのかを考えます。

商品知識がないからだとすれば、なぜ商品知識がないのか？　をさらに深掘りします。目先の仕事に追われていて商品知識を習得する時間をとれていないからだとしたら、「時間がない」という障害要因を取り除くだけになるので、時間の確保がうまい人の方法を研究しながら、自分の行動の修正策を考えていきます。


振り返りの作業は面倒に思えるかもしれません。

ですが、振り返りをすることによって、仕事が最速で片づく筋道や方法が見つかるため、結果として早く仕事を終えることにつながります。

目的や目標の確認に始まり、適切な第1歩目の設定、仕事のまわし方に至るまで、1分だけでも立ち止まって「振り返り」をすること、これは行動の整理においていちばん大切なことなのです。

第6章

仕事が早く片づき
成果が出る
「思考」の整理術

1

センターピンだけは外さない

頑張っても頑張っても仕事が減らない

サボっているわけではないのに、目の前のことを一生懸命対処しているのに、仕事が終わらない。そんな経験をしたことがある人は多いでしょう。

なぜ、そんなことに陥ってしまうのか。

それは、仕事には当然のごとく急な依頼など、「割り込み」があるからです。

割り込み仕事にも対処しながら、決めたことを早く片づけていくには、「仕事で絶対に外せないポイント」を確認し、それだけは外さないことです。

私はこの「仕事で絶対に外せないポイント」のことを「仕事のセンターピン」と呼

んでいます。

ボーリングでストライクをとるには、センターピン、つまりいちばん真ん中のピンを外してはいけません。センターピンに当たらない限り、ストライクはとれないからです。センターピンに当てれば、連鎖反応的にほかのピンが倒れ、かなりの確率でストライクがとれます。

仕事も同じです。

もっとも求められること（センターピン）を確実にこなさなければ、成果（ストライク）が出ないのです。

たとえば、あなたがＷＥＢ管理担当でサイトから商品の購入数を増やすよう指示されたとします。

このとき、いくらキレイなデザインに仕上げたとしても、サービスの紹介ページが読みづらかったら購入数は増えません。

大事なのは、お客様が知りたいサービス紹介の説明文が、いかに魅力的に仕上げられるかです。説明文で興味を持てば、多少デザインがダサくても購入数は増えるでしょう。つまり、説明文の仕上げが、この仕事の「センターピン」となるわけです。

商談であれば、やさしく話しやすい担当窓口の方ばかり訪問せず、決裁権を持った人に会って話を聞いてもらうことがセンターピンとなります。

割り込み仕事をこなしながら、自分の仕事の「絶対に外せないポイント」を見出し、確実に実行する。

センターピンを考慮せず、すべてのピンに満遍なく力を割いていると、いくら時間があっても、体力があっても足りませんし、かえって、割り込み仕事も自分で決めた仕事も中途半端に終わってしまいかねません。

自分が何に力を割くべきか、それを見極めることを必ず行いましょう。

「仕事のセンターピン」の見つけ方

センターピンを確認するには、「成果を出すためのセンターピンは何か？」を定期的に自問自答し、頭の整理を行うことです。

忙しい状態になると、言われたことをそのまま次々にこなすことに意識が集中したり、やみくもに動いてしまい、センターピンを外してしまうリスクが生じます。

そのようにならないために1度、立ち止まって自問自答するのです。

具体的には、自分視点と相手視点の2つの視点でセンターピンを確認します。

(自分視点)仕事の成果や目標に最速で到達する業務は何か?
(相手視点)相手がいちばん重視するのは何か?

先ほどお話しした事例でいえば、話しやすい人への営業訪問ではなく決裁権があって影響力がある人への営業が「自分視点」で最速で成果を出すセンターピンです。また、サイトのデザインより魅力的な説明文をつくることにこだわることが、相手視点のセンターピンです。

いつセンターピンを確認すべきかというと、私が推奨しているのは、1日3回(朝昼夕）です。

朝始業前に、1日の段取りを行い、本日の仕事のセンターピンはどこかについて、1分間考えます。

続いて、ランチ休憩後（13時頃）を目安に、これまでの時間に乱れた優先順位を整理し、再度センターピンを確認します。

最後に夕方（終業時）を目安に、その日1日手掛けた仕事のセンターピンはどこだったか、外していなかったかについてを確認したうえで、1分間、明日はどうすべきかを考えます。

もちろん、あくまで推奨なので、ご自身のタイミングでもかまいません。

1日3回程度確認するといっても、忙しくて忘れることもあるでしょう。

私は仕事術の研修を行う際、必ずこの「仕事のセンターピン」の話をしているのですが、受講生の中には、「成果を出すためのセンターピンは何か？」という質問を忘れないよう、毎日使う手帳に書き込んだり、デスクに貼り出したりして常に目に入るよう工夫している人もいます（スマホのアプリやＷＥＢサービスを活用して、時間になるとこの質問がメールで送られてくるようにしているという人も。驚きました）。

このように、センターピンを確認する習慣をつけるには、常に自問自答の言葉が視界に入るように手帳やアプリを活用することが有効です。


仕事は、早く片づけることが目的ではなく成果を出すことが目的です。

成果を出すうえで何が大切なのか？　自分視点、相手視点でセンターピンを確認する作業は、成果を出し、仕事も早く片づくコツなのです。

2

行き詰まったら割り切る

◎人にはコントロールできないことがある

予期せぬトラブルや未経験の仕事は、私たちの意識を混乱に陥れます。

仕事に行き詰まったときは、行き詰まるに至った過去を嘆くのではなく、「今、どうすべきか？」のみに集中します。

本書を執筆中、私は不注意から足のじん帯が断裂するという大ケガを負いました。すべての仕事のスケジュールが、延期や中止を余儀なくされました。

早く片づけなければいけない仕事が山積みの中、私の気持ちは焦るばかり。「あの時こうすればケガは防げたのかもしれないのに」という嘆きの声が頭の中から離れず、

ケガして間もないうちは苦しい思いをしました。

しかし、いつまでもこのままというわけにはいきません。そこで、大きく深呼吸して、頭の中を片づけることにしました。

「ケガをしてしまった過去は変えることができない。それよりも今、どうしていくのがよいのか、とにかく今だけに意識を集中しよう」

「今、自分ができること」、つまり、自分でコントロールできることのみに集中すると、決めたところ、こうしてあなたに言葉をお届けできるようになりました。

これも頭の整理ができたからこそなのです。


何かに行き詰まりを見せた時は、変えられないことに目や心を向けるのではなく、変えられること、つまり「今」とれる行動だけに集中することです。

人はどうも変えることができないものに執着してしまうクセがあります。冷静になれば、変えることができないものに悩み苦しんだところで、何も変わらないとわかるのに。

過去のこと、事実、他人の性格など変えることができないものはたくさんあります。「今どうすべきか？」ということ以外は、すべて頭の中から切り離して整理してしまいましょう。

すべて書き出して頭の中をからっぽにする

仕事で行き詰まりを起こしたときは、頭の整理を行いましょう。

頭の中にあることを、すべていったん紙に書き出してみてください。

紙を横置きにし、紙に縦の線を引き、左側にはあなたが今、行き詰まっている課題で「コントロールできないこと（変えられないこと）」、右側には「コントロールできること（変えられること）」を書き出してください（195ページ参照）。

たとえば、今度発売される新商品の販促を強化する方針が打ち出されたとします。

チームメンバーのモチベーションはあまり高くなく、販促イベントを実現できるほど予算もあまりない状況。「人もお金もない状況でどうしよう……」そう嘆いたところで、何も前進しません。

そこで頭を整理するために書き出します。

- **「コントロールできること（変えられること）」…販促の方法、販促の時期の変更など**
- **「コントロールできないこと（変えられないこと）」…新商品の内容、メンバー、予算額など**

販促イベントを広告代理店に依頼して予算をかけなくても、販促用のWEBを自社制作してお金をかけずに集客することに集中するのはいかがでしょう。メンバーのモチベーションが低くても効果は見込めそうです。

では、当初予定していた販促の時期を1カ月ずらし、新たに始まるドラマと重ねたイメージで一気に知名度を上げることはどうでしょう。時期を再考するだけで効果が見込めそうです。

このように目に見える形でいったん整理します。

整理した後は、「コントロールできないこと（変えられないこと）」をいったん頭の中からも消すために物理的に視界から消します（捨てます）。

リストアップした「変えられること」のみを「TO DOリスト」として作成して優先順位をつければ、「どうしよう……」という感情を冷静に断ち切り、次の1歩が踏み出しやすくなります。

行き詰まったらまずは割り切ってしまいましょう。

そのうえで、思考の堂々巡りを断ち切り、仕事の行き詰まりを打開すべく、「今、集中すべきは何か？」「今、考えても意味がないことは何か」を仕分ければいいのです。感情に振り回されないためにも肝心なことです。

コントロールできること・できないこと

コントロールできない	コントロールできる
他人の行動	自分の行動
性　格	言葉使い、ふるまい
過　去	現　在
事　実	解　釈

ノートやメモの真ん中に縦線を引き、左右に分ける。コントロールできること、できないことを書き出して整理する。

3

人間関係と問題解決方法をいったん仕分けする

人間関係と仕事は切っても切れない関係

仕事のスピードが落ちる要因はスキルの問題ばかりではありません。

実は、仕事において大きな足かせとなるもの、それは人間関係です。

一人で完結できる仕事は、そう多くありません。必ずどこかのタイミングで他人と協力し合って行うものです。

ところが、人間関係がうまくいっていないとスムーズなコミュニケーションがとれず、ゴタゴタしたり、必要以上にやりとりに手間がかかってしまい、仕事のスピードが落ちてしまうこともあります。

仕事において、人間関係は大きく影響します。

実際、転職サービス各社の調査を見ても退職理由の筆頭格に必ず人間関係があがっています。人間関係のもつれは、仕事の停滞を招くばかりか、ストレス、退職まで招きますので注意が必要です。

相性が合う人がいれば合わない人もいます。これは大前提として仕方がないことです。好きな人とだけ仕事ができるなんてことは、皆無に近いでしょう。

ですが、相性が悪い人と仕事をしているからという理由で、仕事のスピードが落ちてもいいということには決してなりません。

人間関係がどんな状況にあっても、仕事は成し遂げて当たり前、なのです。


人間関係に左右されず、仕事を早く片づけるには、人間関係と問題解決を切り離してしまうことです。

◎状況を整理して考える

アドラー心理学に「課題の分離」という考え方があります。

課題の分離とは、自分の課題と他者の課題を分けて状況を整理する考え方です。

たとえば、会議中にあなたの同僚が一方的に発言していたとしましょう。

彼の長々とした報告をうんざりしながら聞いているうちにイライラが募ってきたあなた。「話が長いだけで、あの報告ではきっと賛同を得られないはずだ」と話を最後まで聞かずに、勝手にネガティブに結論づけてはみたものの、イライラはおさまらず、結局、会議はストレスだけが溜まっただけで終えました。

さて、ここで考えてみてください。

長々とした報告をしていた同僚は、悪いことをしたのでしょうか？

「課題の分離」をしてみましょう。

同僚が長々と話していたことは問題だとしても、そこを責めるだけでは問題の解決にはなりませんよね。同僚が一方的に長々と話していることは、あなた自身がコントロールできることではない、つまり、「自分の課題」ではないということです。

あなたにとって「自分の課題」は、会議がスムーズに進行するよう段取りしたり、意見を言ったり、自分で進行したり、同じ話が繰り返されて時間をロスしないよう、ホワイトボードにスケジュールを書き出して皆で見ながら議論できるようにしたりといったことになります。

つまり、同僚が長々と話す報告の問題は、本来あなたの課題とは関係がないということです。もし会議を早く終わらせたかったなら、「自分の課題」は相手に怒りを覚えるのではなく、早く終わらせるために自分ができることで工夫するしかないのです。

相手が自分の思うとおりに動いてくれなくても、怒ってはいけません。怒ったからといって何の問題解決にもなりません。

自分の課題を解決することに専念するほかないのです。

マイクロソフトの創業者ビル・ゲイツもまた、課題の分離によって高速で決断する人のようです。

ビル・ゲイツの部下であった中島聡氏は、自著『なぜ、あなたの仕事は終わらないのか』（文響社）の中で、こんなエピソードを紹介しています。

マイクロソフトがパソコンメーカーにソフトを依頼されたとき、ある技術的な問題により、パソコンメーカーから苦情が来たそうです。

クライアントがたいそう怒っているということで、社内は混乱していました。とにかく、原因の技術的問題を解消しなければこの問題は収まらない。社員はみんなそう思い込んでいたのですが、ビル・ゲイツは「技術的問題はクライアントの怒りとは別問題なので、分離して考えろ」と指示したといいます。

実際、クライアントが怒っていたのは技術的な問題よりも、担当者と性格が合わないことに大きな原因があったようです。

そこで、担当者を替え、クライアントをとにかくなだめることに注力し、他方で技術的問題については、現場でエンジニアたちが全力で解決に向かってまい進したところろ、努力が実り、クライアントとの関係も戻ったそうです。

私たちはつい、自分の課題と他者の課題を混同してしまいますが、分離して冷静に整理することが求められます。

多くの人がこの境界線を意識せず、他者の課題に足を踏み入れ、問題を大きくしてしまい人間関係までもこじれさせてしまいます。

他人に対して心にざわつきが起きた時、「これは誰の課題なのか?」を考えてみましょう。

どこまでが自分の課題で、どこからが他者の課題なのか、冷静に線引きすることが人間関係に左右されず、仕事を早く片づけるコツでもあります。

4

1日2回、机の整理をする

頭の中と机の上は連動している

あなたの机は今、スッキリと片づいていますか？

それとも、業務に関係のないものであふれているでしょうか？

仕事が早い人は、机の上が常にキレイであるという法則があります。

私がかつて勤務していた会社では、仕事が早く帰宅も早い人の机ほどキレイでした。

なぜ、そんなにキレイな状態に保てるのかを聞いてみると、几帳面な性格というわけではまったくなく、「仕事の効率を上げるためには、邪魔なものを視界から消すことがいちばん大事だから」とのこと。

書類が山積みになっていたり、筆記用具が散らばっていたり、メモが散乱していたりと机の上が乱れていると、「あれ、どこにしまったっけ?」と探さなくてはなりません。

探し物の時間はその場では一瞬かもしれませんが、1年間で換算するとバカにならない時間となります。

仮に1日5分間探し物をしただけだったとしても、1年間(月に20日勤務で12ヵ月)で計算すると、なんと20時間。ほぼ丸1日探し物をしているというわけです。もったいないですよね。

机の上を整理整頓することは、探し物という時間のムダを省き、頭の中をリセットすることになるのです。

また必要なもの、必要でないものを仕分けすることになるので、どの仕事に集中すべきかのチェックにもなります。

◎クリアデスクは生産性が向上する

机の上にモノがない状態にすることを「クリアデスク」と呼びます。

最近は、クリアデスクにしていると、生産性が向上するとして、多くの会社で推奨されるようになってきました（パソコンのデスクトップ画面も同じ）。

机の上の片づけは、昼休みのランチ後すぐと、仕事を終える時がオススメです。

昼いちばんに整理を行うことで、午前中の散らかりを一度リセットして新たな気持ちで午後の仕事にのぞめます。また、帰宅前に行うことで、1日の締めとともに翌日の準備もできるため、始業後もスムーズにスタートダッシュを切ることができます。

片づけは、1回1分間だけでOK。「たった1分だけ」集中しましょう。

また、頭をスッキリ、リフレッシュしたいときは、机の上にあるものを一度すべて床に置いて広げてみるといいでしょう。

そうすると、どれだけ自分が不要なものを溜め込んできたかが一目瞭然になります。「見える化」して実態を把握すると、今後は「今、必要な」最小限のものだけにしようと意識が芽生えます。

毎日1分、机の上と頭と心をスッキリ、クリアにしましょう。

机の整理は自分の状態を「見える化」する

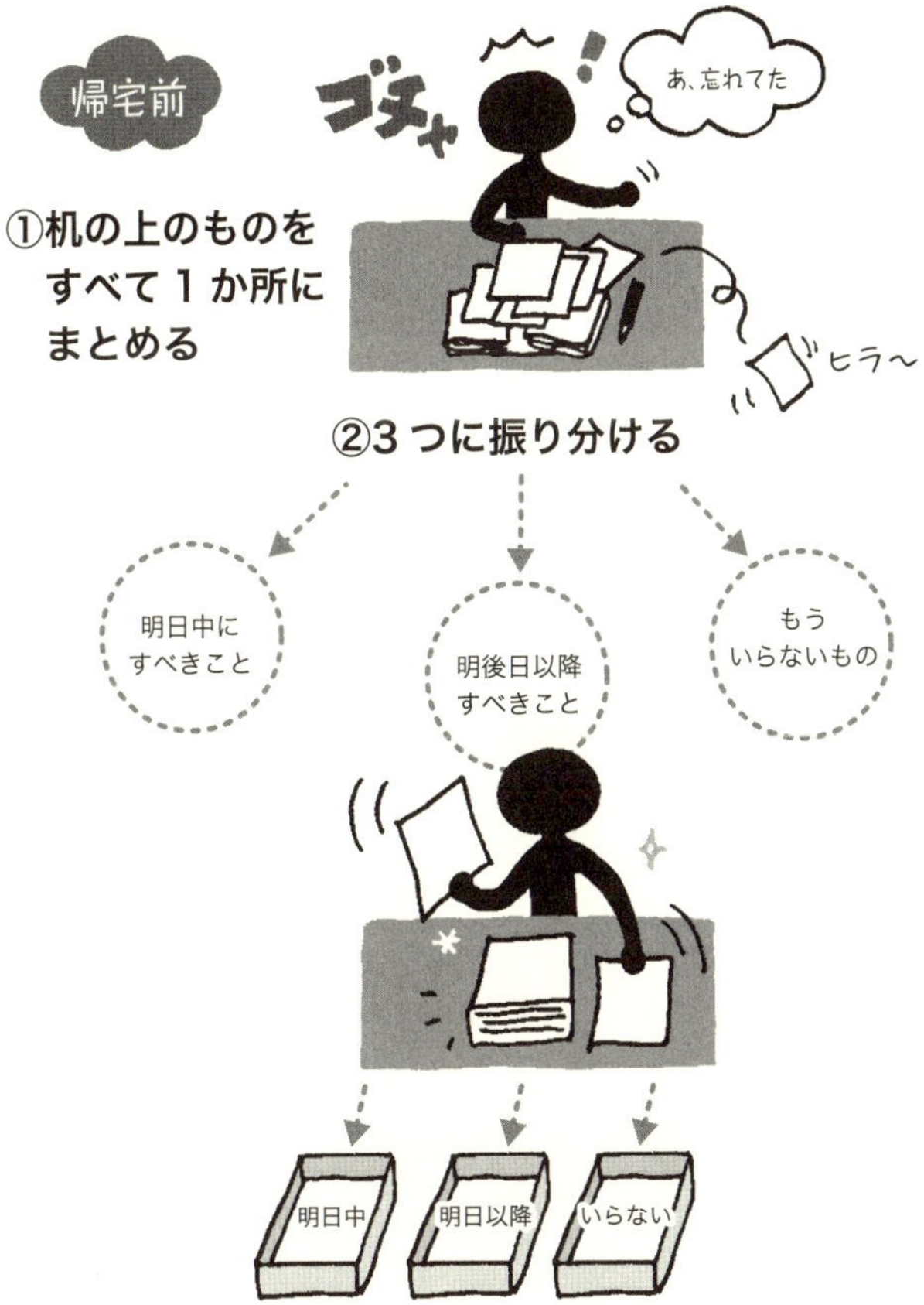

1か所にまとめてから仕分けすること。
全体を把握したうえで整理ができる。

5

寝る前に1分、GOOD&NEWの振り返りをする

◎朝の脳は前夜、寝る前に決まる

人は寝ている間に頭の中の情報を整理しています。

そのため、朝起きたときは、頭の中の情報がきちんと整理されていて、新しい情報を入れたり、クリエイティブなことに適した状態が整っているのです。

夜寝る前にポジティブな頭にしておけば、それだけ翌日の目覚めもよくなり、スタートダッシュが早くなります。

寝る前にポジティブな頭にするには、その日1日を振り返り「GOOD&NEW」、つまり、その日にあった「GOOD（よいこと）」もしくは「NEW（新たな経験）」

を思い出し、振り返りをすると効果があります。

やり方はカンタンです。

毎日1分間、手帳やノートにGOODかNEWな出来事を箇条書きでいいので書き出し、読み返す。これだけです。

書き出すことで、毎日どれだけポジティブなことが起きているかに気づきます。


どんなにトラブルが続いた日であっても、24時間すべてが最悪だったということはないはずです。


トラブルが起きたときにサポートを名乗り出てくれた人がいた、夕食の焼き肉がとてもおいしかった、買ってからはじめて使ったボールペンの書き心地がよかったなど、何かしらいいことは起きているものです。

些細《ささい》なこともどんどん思い出しながら1日を振り返り、ポジティブな点だけを思い返しながら、頭の整理を行い、眠りにつきましょう。

自分も周りもポジティブ脳になる「GOOD&NEW」

心理学の用語で「カラーバス（色を浴びる）効果」という言葉があります。

たとえば1日中、「赤色」だけを意識して過ごそうと思うと、赤色ばかりが視界に飛び込んできます。

人は1つのことを意識したらそのことばかりに意識がいくという性質を持っているからです。カラーバスはその心理現象のことをいいます。

この心理を応用すると、どれだけ最悪な状況にあっても、毎晩「GOOD&NEW」をすることにより、頭の中は常にポジティブになり、翌日も「GOOD&NEW」だけを意識してポジティブに過ごせるようになります。

以前、ある企業に対し、「GOOD&NEW」の習慣化のサポートをしたことがあります。

もともと社員同士お互いのことに無関心だったことから、この研修を取り入れたのですが、半年もの間、毎日、受講生となる幹部社員に仕事における「GOOD&NE

W」を振り返り、その内容をメールで報告してもらっていたところ、いつしか受講生が自発的に自分たちの部下にまでこの研修を広め、一緒にやるようになったのです。

そして、お互いの「GOOD&NEW」を知ることで協力姿勢が生まれ、なにげなくこなしている仕事の中に「GOOD&NEW」をたくさん見つけ合うようになり、会社全体のモチベーションアップにつながったといいます。

さらに仕事の生産性も上がり、今期、過去最高益になる予定だそうです。


仕事の結果はスキルだけで決まるわけではありません。やはり感情やモチベーションも大きく影響します。

日々、しっかり振り返りを行い、頭の整理をすることで、スキルや実行力が活きるベースをつくることになります。

今日もよい1日で終われるように、翌朝からのスタートダッシュが加速するように、「GOOD&NEW」を意識して過ごしましょう。

6

人生がうまくいく人ほど最初の1分を大事にしている

たった1分、されど1分で人生は変わる

たった1分、頭を整理するだけで、仕事が片づくなんてあり得ないのでは、そう思いながらも本書を手にした人もいることでしょう。

忙しい日々、できればすぐに仕事に入りたい、1分だって惜しい。そう思う人もいることでしょう。

頭を整理する時間があれば、少しでも仕事を進めたい気持ち、よくわかります。私も以前はそうでしたから。

ですが、それでもたった1分、頭の整理のために時間をとってみてください。

頭を整理する時間を日々の仕事の中に挿し込んでください。

たった1分、されど1分。

私たちが想像する以上に、1分は大きな時間です。

1分に1つのことができたとして、積み重ねを1週間続けると7個のことができます。

1カ月続けると30個、1年にすると365個のことができます。

1分という時間の「長さ」だけではなく、1分間を積み重ねた場合の「重み」も大きく影響します。


わずか1分、頭の整理をすることは、仕事を早く終わらせることに限らず、プライベートの充実や能力の発揮など人生そのものを豊かにすることにもつながるのです。

おわりに

本書をここまでお読みいただきありがとうございました。

今から17年前のことです。

意気揚々と起業した私は、仕事にもお金にも恵まれず、悪戦苦闘する日々を過ごしていました。せっかく受注した仕事でさえ、スピードが上がらず満足な成果も出せないまま顧客から契約を切られることもありました。

いったいどうしたらこんな日々から抜け出せるのか。

モヤモヤとした状態から解放されたくて、ノートを広げ、頭の中にあることを1分間、これ以上ないくらい集中してひたすら書き出しました。

たかが1分ではありました、書き出したことで頭がするすると整理され、その後の人生を運命づけるような深い気づきがありました。

やみくもに頑張っても成果は上がらない。成果が上がらない過去を悔いて、感情に振り回されていては前進しない。仕事の段取りを適切に行い、自分を変えることができる未来に集中すること。そのためには、1分でもいいから立ち止まって頭の中を整理する習慣を身につければいい――。


それ以来、時間を見つけて1分で頭の中にあることを書き出しては整理することをどんどん心がけるようにしました。

この習慣は10年以上も継続中です。その結果、かつての苦しい状況から一転、会社のほうは軌道に乗り、こうして本書を執筆させていただくまでになりました。

たった1分、頭を整理するだけで、私が仕事の仕方を変え、人生が変わったように、皆様が本書との出会いをきっかけに仕事が早く片づくようになるだけではなく、人生そのものが豊かになる一助になれば、著者としてこのうえなくうれしいことです。

今回、本書で語りつくせなかった内容は、無料のメールマガジンでもご紹介していきますので、ぜひご登録ください（http://www.suzukishinsuke.com）。

あなたと本書でご縁ができたことに感謝します。

ありがとうございました。

※本書の感想をぜひ info@compas.co.jp までお寄せいただければ幸いです。
必ずお返事いたします。

鈴木進介

著者紹介

鈴木進介（すずき・しんすけ）

思考の整理家
経営コンサルタント・(株)コンパス代表取締役

1974年生まれ。思考の整理術を使った問題解決支援という独自の手法をとる。25歳で起業後、「経歴なし・金なし・人脈なし・ノウハウなし」の4重苦からスタートしたため、3年以上まともに給与が取れずに挫折続きの生活を送る。その後、思考を整理すれば問題の9割が解決していることに気づき、思考の整理術に開眼。以来、10年以上にわたり研究を独自に重ねて体系化。近年は「思考の整理家」として講演活動や人材教育などにも力を入れている。難しい問題をやさしく解きほぐす「思考の整理術」は、フリーランスやベンチャー企業、東証一部上場企業にまで幅広く支持され、コンサルティング実績は100社以上、研修は年間100日以上登壇、講演受講者数は1万人を超す。経営者の意思決定支援や次世代リーダーの育成で圧倒的な支持を得ている注目株。
テレビ、ラジオなど、メディアでのコメントも人気。著書に『1分で頭の中を片づける技術』（あさ出版）などがある。

◆企業研修、講演のお問い合わせは以下まで
http://www.suzukishinsuke.com

※著者のメルマガ登録、SNSはホームページよりご覧ください。

1分《ぷん》で仕事《しごと》を片《かた》づける技術《ぎじゅつ》　〈検印省略〉

2017年 10月 28日 第1刷発行

著　者――鈴木 進介（すずき・しんすけ）
発行者――佐藤 和夫

発行所――株式会社あさ出版

〒171-0022 東京都豊島区南池袋 2-9-9 第一池袋ホワイトビル 6F
電　話　03 (3983) 3225 (販売)
　　　　03 (3983) 3227 (編集)
F A X　03 (3983) 3226
U R L　http://www.asa21.com/
E-mail　info@asa21.com
振　替　00160-1-720619

印刷・製本　神谷印刷(株)
乱丁本・落丁本はお取替え致します。

facebook　http://www.facebook.com/asapublishing
twitter　http://twitter.com/asapublishing

ISBN978-4-86667-015-7 C2034